爸爸、妈妈在上海虹桥
机场为鑫安送行

鑫安与提供奖学金的
老人在一起

鑫安向国际著名环保主义者珍·古道尔介绍他们的环保社

鑫安生命中第一幅自创油画——《我的爸爸》

鑫安的第二幅自创油画

鑫安的第三幅油画

孩子，妈妈陪你慢慢长大

全国十佳心理教师17年陪伴成长手记

吴文君 ◎著

中国华侨出版社

图书在版编目（CIP）数据

孩子，妈妈陪你慢慢长大／吴文君著．—北京：
中国华侨出版社，2012.11
ISBN 978-7-5113-3063-5

Ⅰ．①孩… Ⅱ．①吴… Ⅲ．①家庭教育 Ⅳ．①G78

中国版本图书馆 CIP 数据核字（2012）第269409号

孩子，妈妈陪你慢慢长大

著　　者：吴文君
出 版 人：方　鸣
责任编辑：王亚丹
经　　销：新华书店
开　　本：710mm×1000mm　1/16　印张：13.5　字数：200千字
印　　刷：三河市文通印刷包装有限公司
版　　次：2013年3月第1版　2013年3月第1次印刷
书　　号：ISBN 978-7-5113-3063-5
定　　价：29.80元

中国华侨出版社　北京市朝阳区静安里26号通成达大厦3层　邮编：100028
法律顾问：陈鹰律师事务所
发 行 部：（010）82068999　传真：（010）82069000
网　　址：www.oveaschin.com
E-mail：oveaschin@sina.com

推荐序

吴文君老师发给我一本关于她陪伴女儿成长的书稿，希望我为她写序。我看了，觉得很好，就把它推荐给北京磨铁图书有限公司的马百岗先生。

吴文君老师与她的先生冉宪海老师，都是我的好朋友。我在2002年认识吴文君老师，当时她是苏州一所学校的心理老师，她很认同我的学问，从此走上与我一同传播这些学问的道路。与很多当代的中国人一样，冉、吴两位老师的成长与人生经历是很不容易的。他们两位都是很真诚实在的好人，身上有各种中国传统的优良美德：老实、踏实、真实地做人处世，同时心中带着爱，不停地与人分享。我研发出来的一个亲子关系导师训练课程，从2006年开始由吴文君老师讲授，改变了很多母亲与亲子讲师的人生。吴老师讲这个课比我讲得还好，这是因为她每天的工作就是围绕着老师、家长与孩子。

这本书是关于他们自己的孩子——冉鑫安，是关于这个妈妈如何帮助女儿走到17岁的今天的。虽然我觉得鑫安很优秀，但她在学校并不特别显眼，成绩不是最拔尖，也不是班干部，她甚至表现得有点内向，有点“宅”。可是2011年，加拿大的UWC（世界联合书院）给中国两个名额的全额奖学金的留学生中，鑫安就是其中一个，也是苏州市的唯一入选者。拿到一个奖学金，并不是什么大成就，鑫安不是神童，经历很平凡，可正是因为这样，我才觉得吴文君老师为她女儿做的事特别有意义，特别值得国内的父母、家长参考。“望子成龙”这句话已经伤害了很多孩子的未来、亲子关系，以及父母本来可以拥有的轻松满足快乐的生活。希望孩子是天才，比其他孩子更优秀，不断给孩子横加压力，揠苗助长，这些想法和做法对孩子身心的伤害极大，最终家长只能用老来的懊悔来做无效的补偿。让孩子健康快乐地成长，不管对父母还是对孩子来说，都更具意义。更重要的是，孩子成长后能够完整地、健康地带着满足、感恩、自信和爱过每一天，这才是父母帮助孩子有效成长的方向。天才伟人，百中无一，而每个孩子都可以做到鑫安这样。

几年前我就发现鑫安是个与众不同的孩子。我注意到她有几个特点：第一，她很少说话，但很有自己的思想，表面是内向，事实上她清楚地知道自己想要什么，能做到什么；第二，她没有跟大部分女孩子一样爱漂亮，在打扮上耗费时间，当然她很注意清洁、整齐，不过她更在乎得到别人的尊重，在说话做事上她始终守着这个界线；第三，她很有力量，有自己的主意，总是自己去争取想要的东西，她很认真，绝不含糊，负责任，守信用，因此总能得到别人的尊重；第四，她的观察与内化能力很强，这一点从她的画与印章中可以看到，线条简单，但表达的意思却很深。所以几年前，我就提醒吴老师：也许你的孩子在艺术这方面很有潜质。

鑫安曾经提过她有一个梦想：在美国的农场里晒太阳。借用女儿的这个梦想，吴老师帮助女儿一步步地创造她的人生：学好英语，学好其他学

科，多参加活动，使自己变得更能干，更能与别人交流。吴老师两人喜欢看书，鑫安也养成了爱看书的习惯，小学时就已经是一天一本了。母亲与女儿无所不谈，平等讨论。对女儿总是鼓励的母亲处处表示愿意放手，让女儿自己完成自己的事情，但提醒女儿要承担后果与责任。这些使得鑫安的知识面得以逐步扩充和丰富，让她在思考问题上也表现出过人的广度和深度。吴老师夫妇认为，正是这个原因让鑫安在UWC的选拔赛里胜出。冉老师与吴老师都有自己的事业，每天的工作都很忙，所以并没有把全部时间放在女儿身上，可是很明显，从结果来看，他俩放在女儿身上的时间有非常高的效率。今天的社会里，很多父母花了更多的时间为孩子做得更多，但与孩子的关系反而不够理想，孩子的学习问题让一家人纠结，孩子的心智发展更让人担忧。在这本书中，吴老师通过事实提出了很多更省劲儿、更省时而效果显著的教子方法，值得很多父母学习借鉴。

我们不知道鑫安以后会怎么样发展，吴老师夫妇也没有为女儿设限（目标也是一种限制），可是，我可以很有信心地说，鑫安以后的发展，只会更高，更好，更成功快乐，因为她已经具备所有的条件与能力。

想把孩子训练成为天才或者伟人的父母们，这本书不适合你；而希望孩子有成功快乐的人生，希望孩子每天都过得轻松满足的父母们，这本书你不容错过！

李中莹

2012/5/23

李中莹：香港专业效能管理学院创始人。“简快身心积极疗法”创始人。“系统排列”专家。“华人世界的国际级NLP大师”。最早把NLP（身心语法程序学）完整全面地引入国内；更发展NLP，创新NLP，使NLP更适应中国文化。

前　言

女儿小时，我就有一个心愿：要给她写一本书，记录她成长的过程，为她留一段成长的回忆。所以从她出生起，我就开始为她写成长记录，写了几大本；也帮她录过几段录像，拍过一些照片，但写书的计划并没有真正付诸实施。

2011年3月，女儿参加了世界联合书院（UWC）的面试并入选，已于当年8月底远赴加拿大，开始她的留学生活。女儿面试成功，许多人都为我们高兴，并给予我们无数的祝福，让我们体会到陪伴孩子成长的这份收获和快乐。与此同时，很多朋友则催促我分享我跟女儿的故事，盛情难却，我便利用课堂、朋友小聚或电话、微博做了分享。不过，大家感觉还是不够，他们催促我把女儿成长的故事写成书，这样就能分享给更多有需要的父母了。以往我在课程中偶尔分享的我陪伴女儿成长的故事，一直被大家相互转述，也一直有朋友催我将这些整理成册。在这种情形下，我想是时候静

下心来整理女儿成长的故事了。

女儿冉鑫安是我们的第三个孩子。第一个孩子在我们刚刚结婚、各种条件都不具备时有了。当时我们夫妻还没有准备好去迎接一个孩子的到来，无奈之下我们选择了人工流产。第二年同一时间又一个孩子孕育了，当时我们很渴望能留下这个孩子，但不足两月，他还是自然流掉了。

1993年，经过充分的准备之后，我们开始期待新生命的到来。

1994年的4月27日，在北方一场大大的春雪之后，女儿冉鑫安来到了这个世界，从此我便经历了一个与她相伴成长的过程。这本书记录的是女儿17年成长经历中的一些重要琐事和点滴、在陪伴女儿成长中我自己的成长、女儿带给我的诸多惊喜和礼物等。与其说这本书是“女儿的成长故事”，不如更准确地说是“亲子共同成长的故事”。

2002年，在我的生活处在极大压力下的时候，女儿的焦虑、紧张状态给了我很大的提醒。不想让女儿重复我的命运，要让她过轻松快乐的人生，是我内心坚定的信念，也是这个信念推动着我走进了李中莹老师的“简快工作坊”，开始了一段重要的人生成长历程，开始了一个女人学习做妈妈的过程，开始亲子导师的学习成长过程，更因此引发了我作为亲子培训导师成长，并以此为业的过程。

在这本书里，我以故事和案例记录了女儿和我的成长，这是生活中的自然记录，没有修饰，没有掩饰。我想呈现给你一个真实的我眼中的女儿和我自己的酸甜苦辣的故事——一个普普通通的中国家庭中的亲子故事，一个每天都在成长和变化着的妈妈和女儿的寻常故事。但愿这些能让打开这本书的你看到自己的影子，看到改变的可能，看到改变后的不同和希望；希望它会给你一点启发，让你感受到一些爱的光，让你相信生命和成长，也帮你增强与孩子共同成长的信心和力量。

在书里我也整理了女儿的一些文字和她创作的作品，这些文字和作品

是她乐在其中、陶醉其中的自发行动的成果。不管是做环保社，还是刻图章，或者是画漫画、玩摄影，她都用这样的方式感受着美和快乐，表达着内心的某种心声和愿望。这本书的文字她没有看，她说这些只是我眼中的母女关系，并不能完全代表真正的她。她不肯写什么，我就用了她的作品代表她的某一部分，表达和说明她。这部分对仍然在行走中、在成长中的她来说，仍不是她的全部，因为她每天都在变化，都有不同。

这就是我写的关于女儿和我的书。我写这些，只为记录女儿成长的17年岁月，只为纪念我与女儿相伴成长的17个春秋，只为记录女儿成长中我的所看、所听、所思、所想。这算是我在女儿出国后对我们的共同行囊的一次整理，也算是我跟好朋友在烛光下的一次夜话分享。

如果这本书能顺便给予所有亲子导师更多分享的案例，让亲子导师们在自己的亲子关系中，以及自己的亲子导师课堂里有更多精彩的发现和体会；能激发更多感人的亲子故事分享，而创造出更多不同版本的亲子成长故事，将是我非常开心的事。

女儿已经远行，去到一个陌生的地方开始她生命的新旅程，这是完全属于她自己的未来航程，我们再也无法做她的翅膀为她遮风挡雨，她也早就等不及要开始检验、锻炼自己能力的新飞行！尽管不舍，尽管无奈，我们还是含着微笑送她启程。转眼之间，女儿外出求学已近一年。在这近一年的时间里，女儿通过网络和电话传递给我她在外学习、生活的很多信息，让我未出国门，也开了眼界。同时，我也把这些信息分享给更多的学员、亲友，让她“为这世界做些什么”的心愿种子开始落地，并在更大的空间里散播和延续。她主动承担起了桥梁和纽带的作用，而我则是在享受和传播她的体验，在这种互动的过程中，我们更加互相推动着共同成长。

再回首，我感恩我的父母给予我的一切，感恩我的公公婆婆给予我先生的一切，让我们有如此多的力量和如此多的爱，养育一个独特的、有力量、

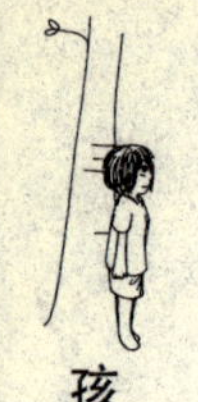

有爱的女儿。女儿的肩上洒满了所有爱她的亲人和朋友的祝福与支持，她有资格去活出属于她自己的、精彩而独特的人生！

站在女儿身后，我们祝福她，永远地陪伴和支持她！

宝贝，我爱你！我们祝福你！

文君 于 苏州

2012/3/1

目录

第三章
你相信什么，孩子就能成为什么

第四章
你的爱，要让孩子看得见摸得到

第五章
给孩子空间，她就能创造奇迹

第六章
妈妈才是那个需要改变的人

附录

后记

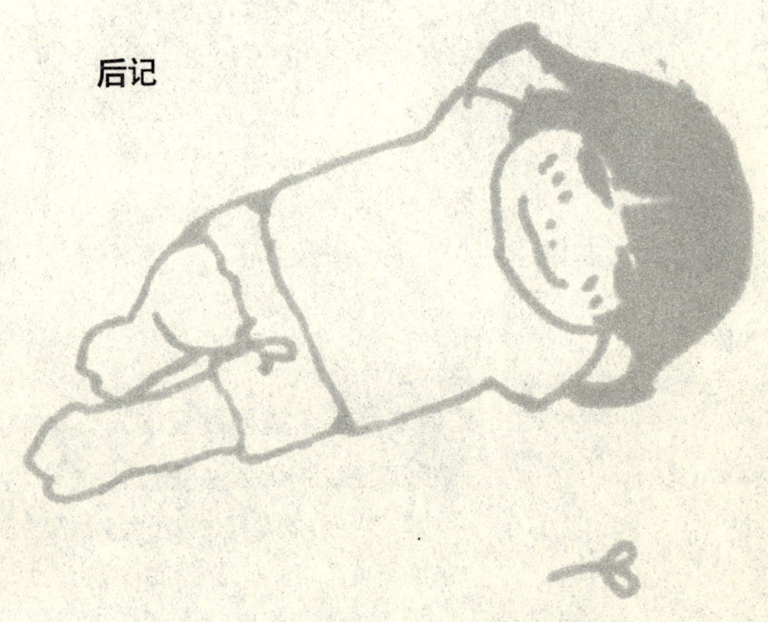

第一章

不设限，孩子比你想的更优秀

很多人宁愿生活在痛苦之中，也不愿解决自己的问题。

——伯特·海灵格 家庭系统排列大师

Many people prefer to live in pain than to have their problems solved.

— by Bert Hellinger— the Family Constellation Master

冉鑫安/译/绘

上学是孩子自己的事

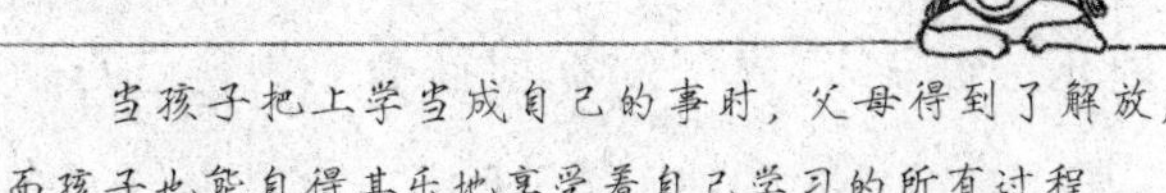

当孩子把上学当成自己的事时，父母得到了解放，而孩子也能自得其乐地享受着自己学习的所有过程。

2000年，女儿要上小学了，上学前我帮她买了书包，也准备好了文具。

我跟她聊:“你马上就做小学生了，证明你长大了，我们很高兴。上学是你自己的事情，学得好不好，都是你自己的收获和成绩，跟爸爸妈妈没关系。学得好，得到了奖励，说明你的能力和努力有了效果；学得不好，但如果你愿意体会那种挫败的感觉的话，我们也尊重你。所以，从今天开始，我明确地告诉你：上学是你自己的事，你要学会自己照顾自己，爸爸妈妈只会祝福你。虽然妈妈是心理老师，有点名气，可是，我心里明白，我不会因为你成绩好就感觉脸上光彩，也不会因你成绩不好，就觉得无脸见人。妈妈相信你有对读书的兴趣和爱好，一定会做好上学这件事情的。”

不知道女儿是否听懂了我的这段话，但此后，整理文具、检查作业、上学考试等所有有关学习的事情，我们统统都交给女儿自己去安排。因为我们就住在学校附近，女儿上学不需要过马路，我们太忙也没有精力去接送她，所以从第一天把女儿送到学校门口后，我们就再没接送她上下学。我们也没帮她检查过一次作业，没帮她削过一次铅笔……

由于从小看书多，她从上学开始就很喜欢学习。开学没几天，她就已经能熟读、熟背语文课本中的很多内容了。学拼音对她来说是一件很困难的事，因为她是通过认汉字来学拼音，通过汉字来猜拼音的。数学是她的弱项，我也没给她做过任何训练。我内心有一个坚定的信念：“爱读书的孩子一定会学得好。”

因为我太忙，根本顾不上她。我一般早上7点就出门了，而那时候女儿还在梦乡，而后她要自己起来把饭菜热热吃下。我下班已经六七点了。她几点回家、跟同学去哪儿玩，都是她自己的事了。小区里有她的同学，楼下也有一个和她同班的同学。女儿又高又大，那个女孩儿瘦小玲珑，两个小女孩儿在一起，是很好玩的一种组合，她们相互做伴，我们很放心。

当女儿把上学当成自己的事时，我们便得到了解放，不需要陪她写作业、做题目，也不用因她一次考试成绩的好坏而影响情绪和亲子关系，而她也能自得其乐地享受自己学习的所有过程。

出门看雨，连夜作画

让孩子感到快乐的，与其说是那些白天或晴天所发现不了的景致，不如说是孩子的独自探险、独自寻找和独自发现。

自从女儿有了自己晚上走路回家的经历后，我们开始相信她，给她更多空间，让她去探索。话虽这样说，每次遇到事情后回想，还是有些后怕的。

有个夏天，一天晚上，雷雨交加，在家里可听到外面肆虐的风雨声。9点多，女儿说房里很闷，想出去走走。当时，我手头正忙着什么，不能陪她去，就顺口说："哦，去吧，早点回来。"

她说："好的，我转一个小时就回来，我要出门去看看雨。"

女儿走了。等我忙完自己的事情，已经10点了。这才发现，我做了一个很冒险的决定：这么晚了，而且还有风有雨，她一个人在小区里转，会不会碰到什么呢？小区房子稀疏，人也少，晚上的路灯都很暗。会不会在什么地方，有什么东西吓着她？我越想越怕，甚至有点慌乱起来。我让先生跟我一起去找找，他说："这么大的小区到哪儿去找，没事的，她一会儿自己就会回来的。"他不陪我去，我一个人也有点怕怕的，就只好坐在家里等，心里不断地想象着很多可能发生的可怕事情。比如，漆黑的地方突然跳出一个人，或者某家门口突然响起的狗叫，把她吓到……反正我的脑子里没有一点愉快的景象。就这样，我心里七上八下地等着，焦虑得直在房间里打转，耳朵听着走廊里的脚步声。

直到快11点了，我才听到女儿特有的脚步声从走廊传来，我冲到门口打开房门，看到了女儿那张充满惊奇的、红通通的脸。

"妈妈，我有了很多惊奇的发现！我看到了一处特别特别美的花。哇，在路灯下，美得不得了！还有一丛特别特殊的叶子，在路灯的照耀和雨水的浇灌下显得特别美，我从来没发现过那么美的叶子！"她一口气大着嗓门跟我述说着她路上的所闻所见，一副万分欣喜的忘情状态。

我的心落到了底，也被她的情绪感染，附和着她，开始询问更详细的情况。

女儿脱下已经潮湿的衣服，坐下来手舞足蹈地描述她走的什么线路，都有哪些发现。那些发现都是白天或晴天所发现不了的，那些特殊的景致让她心情大好。而我明白，她独自探险、独自寻找、独自发现的快乐是她更大的"快乐源"。我听她讲着，心里的恐惧慢慢淡去，也开始好奇

路灯下那束最美的花是什么样子？在哪里呢？还有，如此风雨交加的晚上，她一个人走在小区里会有怎样的感觉呢？这个“贼大胆”真的没有恐惧，还是探奇的热情战胜了恐惧？我问她，有没有见到巡夜的保安，或者哪一家突然走出一个人来吓到她？

她定定地看了我一眼，说：“你真莫名其妙，哪有那么多可怕的事情！”

我知道又是自己内在的恐惧在作怪了，她在自我探寻的乐趣中，会把一切都赋予美好的、神秘的色彩。

她讲完后，满脸热情地望着我：“我带你去好不好？我带你去看看那些很别致的景色好不好？”

本来很晚了，我也有些困了，但是女儿那么热情地邀请，我实在不忍拒绝。我知道这份美好的感觉是最宝贵的，支持她、陪伴她、跟她一起去享受这个过程，也许是对她最好的一份肯定。

犹豫了一下，我还是答应了，跟先生打了一声招呼，我们两人各撑一把伞又出门了。这会儿她是向导，她带着我循着刚才的路，给我指点着她在每个地方的惊奇发现，路灯下雨中的花、雨中的草和树。我发现她观察它们的角度很独特，往往是要弯下腰去转过头来才看得到的别致的景致，难怪平时白天里、晴夜中看不到。

我像一个小孩子一样，跟在她身后，被她拉着跑来跑去，找来找去，由她引导着从独特的角度去看这个熟悉的小区里的树和花，还有那尊雕塑。她在引导着我从孩子的眼中去观察这世界，观察成人不会如此用心、如此冒险地在不该出门的夜里看到的一切。

有些景致我能感受到独特和美妙，而有些我却看不出什么不同。我如是地向她表达，不过总引来她的不屑。我们一路走走停停，直到把她发现的每一处景致都看到了，她才觉得心满意足，带我回家了。

回到家里，我们两个又拉着先生，向他描述了一次我们共同探险的经历。先生有些羡慕，同时又忍不住地说："两个疯家伙。"女儿越来越兴奋，这时已快12点了，我们实在太困了，要睡觉，可她说她睡不着，她要创作。我们跟她商量半天她还是不改决定，我们只好先睡了。她一个人坐在过道里，找来了颜料、画纸开始她的创作。

不知道她弄到什么时候，第二天早晨起床后，我看到过道里摆着好几幅画。那些画是她印上去的脚印，那个38码的大脚，印在几张纸上：红的、绿的、蓝的、黄的。奇妙的是，每个脚印已经变成一幅幅有创意的画，她或是在每个脚趾肚上画上不同的图案，或是在脚掌上画上了不同的图案。最奇妙的是，有一幅画中，三个脚印凑在一起，而她分别在三个脚印上画上了一男、一女、一个孩子的图像，她把这幅画命名为《一起看世界》，或叫《行走》，描绘的是一家三口人共同的行走。我看着这些画，啧啧称奇。

不知道她是在怎样一种高亢的创作激情中，用自己那双大脚涂上颜料踩在纸上，再把每一幅脚印创作成作品的，也不知道她忙到几点。我感动于这个孩子以如此大的热情和激情去好奇地观察生活，认真地表达她对生活的理解和感受。这是多么宝贵的状态啊。也许她牺牲了睡觉的时间，也许她感受到了风寒，可这些与她得到的、体验到的所有快乐和兴趣相比，又算得了什么？

她起床后，我请她给我讲每幅画的含义。她指着那个黄色的脚印和脚趾上那些小鸡告诉我：这是鸡妈妈带着鸡宝宝去探险。每只小鸡因为脚趾肚的大小不同而显得憨态可掬。真不知她内心竟有这样美好的画面，而她又能如此形象地将这些画面表达出来。

她又指着另外一幅蓝色脚印画，说这是"夏夜的星空"。这幅画有点像那幅名画《星空》，她把它渲染得很是深邃沉静，同时多了很多梦幻的感觉，显得比那幅"星空"更有活力。

还有那一家三口的三个图像，她说是"带着我们的脚印去远行"。她

指着图画说，这个是爸爸，这个是妈妈，这个是孩子。她讲得头头是道，非常沉醉。我听了有很多惊喜，很多感动，我给了她一个大大的拥抱，并告诉她，她真了不起。

在她身上，我一直能感受到非常奇特的想象力、创造力。我更感动的是，她有那份表达的能力和动力，她可以巧妙地运用色彩、图案、线条来表达她内心的画面和感受，这些就是我们所欠缺的。我又一次被她折服了。

我不知道女儿今天是否还记得那个夏天的雨夜，但我的脑中还清晰地留存着她探险后回来那热腾腾冒汗的面容。在这个夏夜之后，我更信任她，给她更多的支持和自由，也给了她更多的欣赏和肯定。

每当她提出要去尝试做什么的要求时，我总能看到她的那份好奇和求知欲，我非常珍视体验过程对她成长的重要性，所以，我总是允许她去尝试。

独自外出是最好的生存教育

孩子很享受独自探索、独自做决定的过程，因为这一切都会让他品尝到自由成长的快乐。

2006年“五一”期间，我要到宁波去讲课，女儿也想去玩，于是就跟了我一同到宁波。我们玩了两天之后，就到了我开课的时间，但她却吵着要回家看书写作业。开课时间已经定了，没办法更改，最后我决定让她自己回家。我帮她买好车票，她就一个人坐火车回家了。这是她第一次独自乘火车旅行。

这次过后就是暑假，这年她12岁。跟随我去成都讲课，她不愿意跟我去课堂，但一个人待在住的地方又无聊，于是她就一个人出去逛。她找到一家她很喜欢的动漫店，还跟那里的老板建立了很融洽的关系，甚至帮他的顾客介绍相关的书籍和光盘。我白天去上课，她就一个人去逛街，逛动漫店。

有一天，有位北京的同学问我："吴老师，您的孩子在哪里？"

我说："她去逛街了。"

这个有着两个女儿的妈妈瞪大了眼睛："什么？你是说她一个人去逛陌生的成都？"

我说："是啊，那又怎么样？"

"天哪，你怎么放心？你不怕她遇到坏人？你不怕她遇到危险？"她一连串儿甩出一大堆问题给我。

我笑了："我的恐惧前几年就已经解决了。我知道她能够照顾自己，所以我现在没什么好怕的了。"

她没办法理解我的这些话，我也没有更多时间去告诉她更详细的情况。事实上，我每天回到住的地方，女儿都会向我炫耀她一天的探索和发现，她看了哪些书，遇到哪些人，有什么样的感受。她在享受一个人去探索的乐趣，而我也在享受一个人去讲课的过程。我们两个互相都能照顾自己，这是很美妙的过程。

2008年，我陪她去云南旅游。本来行程已经计划好，但我却接到省教育厅一纸命令，让我立刻赶到四川灾区做心理援助，不得延误。于是，我只好让她自己从昆明回苏州，而我则从昆明直接飞成都。我的飞机是上午的，她的火车是下午的，我拜托朋友把她送上火车。

我给她计划的行程是：从昆明到上海南站，再从上海南站转上海站买车票回苏州。可是女儿却比我计划的时间提前到了家。因为她在火车上听到邻座向她介绍："最快捷的路线是在嘉兴下车，从嘉兴火车站转嘉

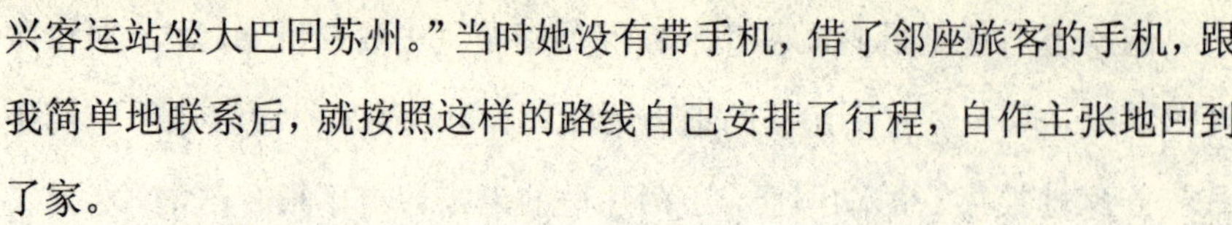

兴客运站坐大巴回苏州。”当时她没有带手机，借了邻座旅客的手机，跟我简单地联系后，就按照这样的路线自己安排了行程，自作主张地回到了家。

当她提前半天回到家的时候，她爸爸和外公喜出望外。这个过程让她很得意，而我们也很欣慰。在长途旅行中，她可以学习跟其他人沟通，向其他人获取信息，并且也知道如何借助各种有效的资源，更快地达到目标。这是她在长途旅途中的非常重要的收获。

有了这些旅行的经验，当她2009年中考结束以后，要求回内蒙古老家探亲兼旅游时，我们都很支持她。她约了初中最好的同学茅佳扬，两个人一起回内蒙古林区。买不到飞机票和卧铺票，两个孩子从苏州到齐齐哈尔就一直站了12个小时。

女儿从小跟我们跑来跑去，习惯了这样的无座之苦，而茅佳扬第一次出远门，就受到这样的待遇，对她来说是个非常大的挑战。出行前，茅佳扬的爸爸妈妈多次打来电话，表现出担忧、恐惧的情绪，我都一再安慰他们说：“没事的，她们身体好着呢！再说两个人做伴没问题的。”

我们很放心地把她们两个送走，后来才知茅佳扬的爸妈提心吊胆了一路，直到她们安全抵达才放下心来。

两个孩子到了齐齐哈尔，才有了座位，然后直接坐到满洲里市。跟当地导游联系上之后，第二天就到草原上参加一日游。然后又返回海拉尔市，从海拉尔坐火车，回到根河市。在那里，她们俩受到了三个姑姑和奶奶的热情款待。那个季节，正好是内蒙古林区的雨季，每天不停地下雨。林区的偏远、简陋、萧瑟，都让茅佳扬很不适应。

两个孩子每天闷在屋里，或者看书，或者看电视、聊天，然后就是每天到外面的浴室去洗澡。姑姑们不明白：“天天下雨，哪里有那么多脏的东西要天天洗澡？并且两个孩子还各占一个浴室？”她们只是把这些疑问埋在心里，还是尽可能地招待两个孩子，带她们到林区最深处的莫尔道嘎玩漂流，吃山珍野味。

她们在那里住了一个多星期，又转道海拉尔坐飞机回苏州。她们一早从海拉尔火车站下车，打了一辆的士去机场。司机没有打表，多收了她们十几块钱，两个孩子记下了司机的车牌号，给当地的110打电话报案。一个多小时后，那司机又气喘吁吁地赶回来给她们还钱，两个女孩子欢呼雀跃，她们为自己如此有胆量和勇气维权并获得成功而激动。

那司机很无奈，摇着头说："唉，这两个孩子惹不起。"

她们从海拉尔飞到上海浦东机场，茅佳扬的爸妈去接她们。我们从外地讲课赶回来时，女儿已经回家一天了。

一趟自助行让女儿有很多的成长，在和朋友、亲人、外界相处方面她都有很多感慨。这个中考结束的礼物，对她有了一份特殊的意义。

很多朋友听我讲女儿这段旅程时都觉得不可思议，他们惊讶于我们如此放心大胆地送她出去，同时也对我女儿如此能够吃苦而感到不可思议。对于朋友的这些感慨，我内心总有一个声音说："这有什么？现在孩子们的生活条件比我们当年要好得多，她们这是在锻炼处理各种突发事件的能力，是更高消费的一种学习。也正是有了一次次独自走天涯的经历，现在女儿去哪里我都不会担心。"

后来，她带着同学去上海参加社团活动，一个人去上海做出国体检等，在我们看来，都是很轻松平常的事。她很享受一个人去上海福州路逛文化书店的感觉，也喜欢自己决定，到底是在麦当劳里吃汉堡，还是找家兰州拉面馆吃面条。她享受自己做决定的快乐，远远胜过一个人出门的孤单或寂寞。这一切都让她乐在其中。

2011年8月底，她要去加拿大留学，苏州只有她一个人过去。我开始有些纠结于是否要送她，而她则坚决表示反对，她很憧憬一个人进行越洋旅行的那个过程，她还要求早走几天，好有时间先把学校附近逛个遍。

斗争了好久，我还是决定不去了。因为我知道，到了那个国度后，说不准是她帮我，还是我帮她。我英语不好，这会让我成为她的累赘。等到把她送到目的地回来的时候，也许反倒会让她担心。最后我们决定还是让她一个人去。不过后来苏州、上海又多了两个同行的同学，他们三人结伴去加拿大。这打乱了她一人闯天下的美梦，为此她还有点不爽。就这样，女儿一次次尝试和历练着一个人行走的过程，一次比一次走得更远，走的时间更长，然后才有了这次长达两年的加拿大预科学习。

女儿心中对未来有很多憧憬和向往，而我们却在心里不断地算着日子，两年预科、四年本科，再加上可能读研，十来年的时间，她将要一个人独自担当和面对。而她一直以来历练的这个过程，让我们在送她出国学习的时候也越来越安心，越来越放心。回头去看女儿17年来的成长之路，从她第一步走路到跑步，就已经开始了一个人走天涯的旅程。只是，她比别的孩子走得更主动，走得更远。我们不管有多么不舍，也只能一边给她创造更宽广的空间、给予她更多的时间，一边带着祝福，送她去远行。

她出生之后成长的17年，每一步都在为离开我们做准备。她的步伐越来越稳健了，我们也越来越心安了。

这就是一个孩子成长的过程：父母只能永远站在他的身后，看他独自走上他的生命旅程，渐行渐远。

父母的养育是为了让孩子成长，成长后的孩子将会慢慢脱离父母，踏上他自己的生命旅程。这时，父母能做的就是带着祝福为孩子送行，让孩子在越来越宽广的时空中追寻他们的梦想。

顺应天性去“追星”

对于成长懵懂期的孩子来说，偶像的力量能促成他完成对自己的定位，让他更好地成长。

到什么年龄就要做什么事，比如孩子在幼儿时期玩尿和泥、在青春期满大街追星等，这就叫天性。孩子的体内自有一股内在的力量引导他们去探索世界，父母不必过于忧虑和担心，只需在顺其自然的情况下，对孩子稍加引导，孩子便会在懵懂中找到前进的方向。对于孩子“追星”的行为，只要不出格，父母也无须过多干涉。

在女儿成长的过程中，她崇拜过很多偶像。她小时候崇拜过周杰伦，那是她最早崇拜的偶像。当时孩子们都喜欢周杰伦，大部分成人却并不怎么认同他，听不懂他啰里啰唆唱的到底是什么。很多成人都奇怪，这个长得很不主流的周杰伦，为什么会那么受孩子欢迎？

那时，女儿拿出自己的零花钱买了第一张周杰伦的专辑，对这张专辑她是百听不厌，她也曾邀请我坐下来听一听，但我始终听不出来什么子丑寅卯。

直到有一天，她拉着我坐下来，让我静下心来去看歌词。当我读到那一首首优美的歌词时，我叹服了，也真的开始对周杰伦刮目相看了。我这时才明白，原来这个年轻人也是很中国的，他深受传统文化的熏陶，很有才情。他的歌词那么美、那么深沉，透露出深邃的思考和力量，并非无稽的游戏或者玩闹。

我开始接受崇拜周杰伦的女儿了。那年周杰伦来苏州开演唱会，她执意要去看，由于同行的还有他们班的几名同学和他们的爸爸妈妈，于是我同意了。那天晚上她回来的时候都已经11点了。她的嗓子喊哑了，

整个人兴奋得脸上泛着红光，她还买了张大海报，无比兴奋地和我分享他们是如何为周杰伦加油助威的。

虽然我没有身临其境，可我能想象到那个场景：在那个场合里面，所有的人跟随相同的旋律，一起欢呼、一起欢唱，那份现场的疯狂和痴迷是真实的，是充满魅力的，这将会给孩子带来多大的震撼。

那之后，她又买了周杰伦另外几张专辑，不过她越来越失望，说他的歌越来越不好听，她的兴趣慢慢转向另外的方向。后来她又在网上发现了名叫“小栗旬”的日本偶像，一个装扮分不清男女的日本明星，他身上有很多鬼魅的东西和非大众化的东西在吸引着女儿。那时女儿正十一二岁，她的这种追星行为也许正是内心发生变化的一份投射吧。我无法明白，这样一个人为什么会吸引她。她在网上追踪着他的消息，还加入他的粉丝吧去感受那种气氛。某一次，女儿非常难过地对我说，小栗旬在上海的演唱会被封杀了，他在北京的演唱会也受到了冲击，对此她表达出自己的愤怒和失望。她还几次要求到上海去参加他的歌友会、演唱会，但我都委婉地拒绝了。

慢慢地，她的兴趣又开始转了，这次是受我的影响。当时电视上正在热播《士兵突击》这部电视剧，我深受剧情影响，痴迷地跟着这部电视剧一集一集看下去。这部电视剧所体现的很多理想、积极的信念让我感动，那些积极的、活跃的年轻人形象也让我很受教育。我极力向女儿推荐这部好片子。

她一般对我推荐的东西都不置可否，还常常说我理想主义、幼稚、过时。因此对于我的这次推荐，她根本不买我的账，直到过了很久，通过网上某些人的介绍，她才开始对这部戏真正感兴趣。然后，她用自己的方式进入了“士兵突击吧”那个社群讨论区，她在里面见识了一群与众不同的人，有大学生、医生等各种充满积极力量的人，激动地讨论着剧情，用自己的文字续写《士兵突击》。

这些东西吸引了女儿，她开始自己去找《士兵突击》来看了。她开始喜欢剧中的李哲、班长史今，她开始以她的方式续写《士兵突击》。她从不让我看她写的东西，不过我知道，在这个群里的是一群积极的、有正向力量的人，跟他们在一起，女儿会受到很多积极的影响。

那段日子，她放学一回来，就会在那个吧里待很久，去跟踪那个帅气的李哲的新闻，去访问班长的扮演者张译的博客……她比我要痴迷多了，可她从来没有喜欢过那个傻傻的许三多，她喜欢帅帅的男孩子。

我不知道她对《士兵突击》中的群体偶像迷恋了多久，可我知道李哲、史今、袁朗等剧中角色的很多名言，已深深地刻在了她的心里。

比方李哲的那句名言“要淡定”是她常挂在嘴边对自己的提醒。

比方史今说的“不管怎样，我要坚持”成为她生活中很重要的信念。

说来惭愧，她参加UWC面试之前，我跟她讨论对人生、未来、世界的信念时，她说出来的都是这几个演员表达的话。而政治老师，包括我平时传达给她的东西，并没有成为她生活的信条，这也让我看到了偶像的力量！

《士兵突击》这部纯男人的戏伴随女儿度过青春初期那一小段岁月，是一件幸事。这部戏中的正向、阳光、充满个性的男性群体形象影响了青春期的女儿，让她在那段懵懂状态中有一些成熟的、富于时代感的，同时个性鲜明的男性形象陪伴，另外，这段经历也让她和其他男生的相处发展到新的高度，与那些富有个性的影星相比，《士兵突击》中那群男子汉更有时代感、上进心和生活的特色。而女儿每天忙着在网上去跟踪《士兵突击》中那些演员的信息时，就顾不上看班级里某个男生，顾不上去跟那些显得幼稚的小男孩儿去发展什么恋情了。

回顾女儿成长的那段经历，我很庆幸有《士兵突击》这部片子陪伴她，就像我们小的时候，有《烈火金刚》，有张海迪，有《红色娘子军》中的王心刚陪伴我们、影响我们。女儿经历了她那段懵懂状态的成长，完成了自己的定位：“要做有意义的事。”这还得感谢《士兵突击》！

挫败和痛苦，"请让我自己尝试"

孩子需要自我尝试，孩子的成长需要经受各种煎熬、压力和焦虑，而父母只能尊重他，让他用自己的方式去学习，去体验，去经历。

从小到大，女儿都有很多自己独特的看法和想法，她说自己被同学称为"怪人"。她喜欢的东西、喜欢的色彩，甚至对某个人的喜好，都跟其他同学不太一样。所以，同学都说她很怪，她似乎也很享受这样的评价。这份怪，代表着她的独特性，代表着她的前瞻性，代表着她自成一体的审美观、价值观。这些独特也成为她和我之间比较大的差异，也许就是人们常说的代沟吧。

她最讨厌的是随大流，选的袜子或者衣服，看的书或电影，只要是大众喜欢的，她就不屑去接触。而她又总有办法，把少数人接受的东西鼓动和感染到让更多的人接受，把它变成大众追随的一个潮流，而这时她往往又开始转向了。跟她一起去买衣服，一般都是她自己做决定，我的审美观，她一般不认可。她难得给我肯定的机会，我也习惯了被她打击，锻炼出了抗挫折能力。

当她遇到麻烦和困扰的时候，比方中考前的紧张，数学方面的困扰，做环保过程中遇到挫折，甚至包括晕车、怕毛毛虫这些问题，作为心理老师的我都可以提供给她很多简单的技巧，帮她快速消除这些麻烦和困扰。但是，她从来不允许我为她做什么。

她总是对我说："妈妈，你要让我自己去尝试、去摸索。"这句话已经把她的界限告诉了我，也把我总想让她走捷径的想法给打消了。最让我感到煎熬的是她中考前的那段日子，我经历的煎熬绝不亚于其他父母。

其他父母是不知怎么做，而我是没有机会做，有力气使不上。我看得到她的焦虑，感受得到她的压力，但她情愿被这份焦虑和压力折磨，也不允许我为她做什么考前焦虑辅导。我每天都在为很多校内外考生做各种考前缓解焦虑的咨询、讲座，回到家，对于她的焦虑和压力，我却无能为力。我试图劝她、哄她："既然你身边有一个可以为你做辅导的妈妈，为什么不利用这个资源让自己更轻松、更有效率呢？"可她总是说："不要啊，这样不公平，我要用自己的力量去中考，其他同学又没有当心理咨询师的妈妈，他们不也过来了吗？"

心里急归急，但她不要求，我也只能什么都不做，最多是在她身边，给点提醒，而且她脸色一变，我还得马上停止。

有一天我实在忍不住了，就对她说："求求你，妈妈每天都在帮别的孩子解除焦虑，也很想为自己的孩子做些事情。你给我个机会，让我为你做点事吧。"

她看我一脸诚恳，很无奈地摇头说："你不要再强迫我，我要自己尝试走这段路。"作为一位从事心理辅导的妈妈，我知道还得靠女儿自己去克服那些焦虑，而我只能收起专业的理论和技巧，在家里像其他考生的妈妈一样，焦虑着，紧张着。

正在我焦虑、紧张时，有一天女儿突然说："现在看你很真实，跟其他同学的妈妈一样了。"好像她在对我做测试，她想更多地看到一个真实的、跟其他同学的妈妈一样的母亲形象。她愣是把我逼出了这个形象。

我开始修炼自己，让自己在家里不再是心理咨询师的形象，而只是个普通妈妈的形象。女儿逼着我相信她有能力面对中考，她有能力照顾自己！

煎熬的中考终于结束了。这个过程也让我重获了一个更生活化、更自然态的妈妈的身份。这个过程同时也让我学习到一点，那就是放弃想帮孩子走捷径、想让孩子少走弯路的那种想法和期待。

女儿经历了一个完整的、所有中考生都要面对的中考过程。从紧张焦虑地备考，到应考，到等待考分，到知道考分后的失落，到最后决定回园区校读书的那份煎熬，她都真实地体验到了。

现在我才知道，她需要这个过程，她的成长需要这样的煎熬，需要这样的压力，需要这样的焦虑，需要选择，需要放弃，需要决策，这是她在成长过程中必须要经历的心路历程。作为父母，我们只能尊重她，让她用自己的方式去学习、去体验、去经历。父母不管有怎样高超的技术和职业水平，有怎样的能力，都只能尊重孩子的想法，让她用她的方式走她自己的人生路，学习相应的经验和获得相应的财富。其实，越能干的父母越需要懂得尊重孩子，越需要退后一步，聆听和陪伴孩子。父母对孩子的控制是源于我们内在对孩子的不信任，是我们内在对自己未来的恐惧。父母的控制是想让孩子的生命尽在我们的规划下，不允许孩子自在地活出独特性。控制是源于习惯了的掌控和压制，而陪伴是给孩子空间，它对每个做父母的都是一项最大的考验。

经历了这个过程之后，我学会了尊重女儿更多的想法。在她后来的成长过程中，不管遇到怎样的坎坷，只要她跟我沟通，我都会倾听，也都会陪伴。我发现，很多时候，她只需要倾听，只需要陪伴，她不需要某个技术，快速地把她带到所谓更好的某个状态。因为她需要体验，对一个完整过程的体验。

有段时间，我以为她是不习惯我为她做咨询，后来我才明白，她只想看到一个真实的妈妈的形象，她不想看到妈妈以咨询师的身份在家里工作的形象。孩子的期望也推动我慢慢地学习，怎样在生活中做一个好的倾听者、一个陪伴者和一个在关键时候、她需要的时候，伸出援手的那个人。

这是女儿成长和体验的过程，也是我磨炼自我和修炼自我的过程，更是我被女儿“修理”、学习尊重女儿想法的过程。

在这个过程中，她越来越成熟，有了越来越多的体验和经历，也就有了更多处理未知事情的能力。女儿用她足够大的力量将我这个比她拥有更大力量的妈妈推开，让我站在她身后，使她可以用自己的方式走她自己的路。我感谢女儿，是她教会我要尊重孩子；我也庆幸女儿有这份力量摆脱我对她的控制，使得她有机会完整地体验自己的生命。正因如此，她才有能力在未来走她自己的路。这是一段特殊的经历，这段经历一直让我记忆犹新。也正因此，我和她相处起来更像是一对朋友，而非母女。

感谢女儿用她那句“妈妈，请你让我自己去尝试”，推开我对她的控制和安排，让她成为她，让我成为我自己。这也是很多家庭中需要处理的一个定位状态。父母不管多强大、多能干、多专业，也只能尊重孩子，让他们用自己的方式去走人生路，寻找自己的人生经验，体会人生中的酸甜苦辣。

孩子的每一步成长，都在考验着我们对她的信任、对她的陪伴、对她的等待。孩子的每一步成长，都在促使我们修炼对生命的尊重和对界限的尊重。孩子的成长让我们终于明白，孩子不是我们私有的财产，并不属于我们。孩子是一个完全独立独特的生命，她有自己的价值，有她自己的路径，她需要自己去尝试，去创造自己的未来。

父母要做的事情就是学会放手，学会站在孩子身后帮助她，给她空间，让她尝试自己照顾自己，让她尝试学习，给这世界带来一份正面的影响。

感谢我的女儿，让我学会尊重，让我放下控制，只把祝福给她。

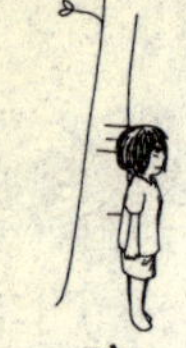

独立的孩子有颗坚定的心

孩子终有一天会走出父母的怀抱和视线，用自己的方式去探索这个世界，过自己的人生，父母虽有不舍，却仍要为之高兴。

大概从她上初中开始，我逐渐放手，让她自己去做相关的决定，也越来越少地要求她必须怎样、应该怎样。我总是帮她看到她眼前有多少种可能性，有多少条路要去抉择，每一条路会给她带来怎样一些资源和困扰，引导她更客观地去看待每一条路和她内在感觉的关系。然后支持她去做决定，在她做决定之后一路上给她帮助，让她充分获得自己做决定之后的所有体验。所以，她很多时候都是自己说了算。

2010年，我们请李中莹老师到苏州来上演讲课。那时候她已经上高一，就要升高二，她也盼着上李中莹老师的课，来提升她的演讲表达能力。当时她是课堂里最小的学员，除了一个在读大学的女孩儿和一个将读大学的女孩儿外，其余都是成人。开课第一天，她也走上讲台，介绍了自己。她介绍自己时所表现出来的那份淡然和从容，大家看了都很欣喜。

我带了期望，幻想着她能在六天的课里有很大的突破和成长，可是，到了当天下午，她说头晕，很难受，要求回家。我感觉很遗憾，就用各种方法劝说她，希望她能留下，可她坚持自己的意见，最后还是回了家。我遗憾她丧失了这样一个难得的学习机会，同时也知道我不可以强迫她。

晚上回到家，我看到她晕晕地躺在床上，我只好陪着她。她欣喜地把自己在淘宝网上买到的很多卡通玩具拿出来跟我炫耀。我们开始用那些“战士”做起了游戏：红队和黑队之间的决战。我们两个躺在地板上，不知不觉间变成了两个孩子在游戏里打打杀杀。那个时候我们不谈课程，也不谈其他，只是沉浸在游戏里。我知道，也许是课程中某些环境让女儿觉得有压力，觉得不自在，或者是触发了她某些创伤，她才那么抵触那个课程。这时我能做的就是陪伴她，并帮她释放不良情绪。

我们两个打来打去玩了很久，最后女儿累了，躺在地板上。我帮她用处理创伤的能量技巧敲击身体。她很乖、很温顺地跟随我的安排行动。半个多小时之后，她开始有力气了，感觉好起来。她告诉我她的决定，她明天不再去学演讲，她要去学英语口译，她自己在网上找到了相关培训的信息。中级口译一般是成人学习的课程，但看她决心很坚定，我也就同意了。

在炎热的夏日里，她每天自己骑车去学口译，学得很开心。她也会打听我们的课程学了什么，发生了什么新鲜事。我会很认真地给她介绍每个同学每天的变化，当然也忍不住说，要是你在，你也会有很大变化。她则淡淡地说："以后会有机会的，现在我更想学口译。"一个培训周期下来，她对英语的兴趣更加浓厚了。虽然没去考证，但这个由她自己做决定的学习过程，让她在学习上更主动，她收获的是更大的乐趣。

现在回头看来，这为她后来参加UWC面试做了非常重要的准备。她好像跟随自己内心的召唤，去选择了她最喜欢、最适合她的学习内容。

当年女儿去住校，也是她自己的决定，我无论如何都劝阻不了。她说她要去学习社会生活。在住校开始时，她有很多很多新的体验。她对于四个女生住在一个房间，晚上穿着内衣睡觉，或者洗澡前后换洗衣服等，都觉得很新鲜。她本是个害羞的孩子，刚开始不能理解为什么有的同学那么放得开，不能理解为什么有人能当着别人的面剪指甲、换内衣。直到她跟大家越来越熟，她也可以裹着一条浴巾走进走出。她在学习与更多同龄人交流和交往。她在学校里有一两个要好的朋友，她会跟她们同来同往，她会主导很多谈话的主题，她也会跟她们一起搞恶作剧，在校园里疯狂地大喊大叫。

慢慢地，她也能跟没有血缘关系的人建立起亲密关系。她依赖这份感觉，她也被朋友依赖，甚至会因为跟朋友闹矛盾而苦恼困惑。

直到高二上学期，她告诉我："我现在可以一个人独来独往了。我不再拉着某个同学，等她一起去吃饭，我也不害怕一个人回宿舍了，不害怕一个人走在路上时的那种孤单了。"她说这些话时，我看到她那份坚定和成熟。而在宿舍里，她仍然是个搞怪的能手，每天睡前跟舍友天南海北地卧谈，甚至每天恶作剧般把某个要睡着的同学叫醒，跟她说句不相干的话，待她快睡着的时候，又把她叫醒；还有她的手机铃声非常独特、劲爆，这些都成了宿舍同学独特的记忆。她考上UWC，不再回学校上课学习，同舍的姐妹还跟她说："宿舍少了你，我们好不习惯。"

2009年"五一"的时候，我和先生在重庆开课，把女儿留在家里，她的外公帮忙照顾她。2日早晨，我给女儿打电话，问她昨天过得怎么样。她用无比兴奋的语调告诉我，昨天晚上她去酒吧了，11点多才回来。我心里一惊，马上问她："去哪家酒吧？怎么那么晚才回来？"

她听出我的紧张，马上告诉我："不要急嘛，妈妈，是一家很独特的酒吧。"然后她跟我介绍说，她在十全街上看到一家很小的酒吧，叫"异托邦"，那里有很多富有创意的小玩意儿，她发现店主人是两个年轻人，二十来岁，他们放的音乐都是她很喜欢的爵士乐，于是她就开始跟他们聊天。两个年轻人很欣喜，没想到这么小的一个孩子，竟然有这么古老的喜好。他们就从爵士乐谈到音乐，谈到各自的经历，谈了很多很多。

女儿说，这是她第一次找到跟她有相同兴趣的、懂音乐的人。她非常激动，不知不觉就聊了很久，直到11点多，她才恋恋不舍地自己骑车回家。她太兴奋了，终于有人懂她，可以跟她共同交流了。这兴奋让她忘了一切，忘了恐惧，忘了家人的担心。回到家，外公因为她这么晚回来，很是不高兴，但她也没有多做解释就睡觉了。她在电话里，还是掩饰不住那份兴奋和喜悦，即使在电话里，我也能感受到她内心的快乐。

我悬着的心，放下了。这时我的眼前出现这样的画面：在治安非常好的马路上，11点多还比较喧闹，同时也比较安全明亮，一个女孩儿带着满足而兴奋的表情骑车往家赶。我心里有个声音说："好在苏州安全，好在女儿足够勇敢。她在用自己的方法，主动接触这个世界，去建立她自己的人际网络。她在用她自己的方法，寻找更多的资源和支持者，她真的长大了。"

后来，女儿跟这家酒吧的店主关系非常亲密，她在与他们交往的过程中有许多新鲜体验，她跟他们一起学打非洲鼓，参加他们组织的创意活动，她很在意他们，这是真正意义上属于她的朋友、两个成人朋友。

有一天，我正好有空，她建议我跟她一起去那家酒吧看看。我也一直好奇，到底是怎样两个人让她如此着迷，于是便同意跟她一起去。

走到一半，她提醒我说："妈妈，跟你说件事，你不要大惊小怪。"

我问："什么事？"

她说："那个女孩子会抽烟的。"

我说："这有什么好大惊小怪的，一个人抽烟往往是因为她内在力量不足，她想借助吸烟这种方式增加她的内在力量，这也说明她内在有很多缺失。你妈妈是学心理学的，什么样的人没见过？"

女儿看我很平静，又接着对我说："你放心，他们这些东西都对我没有影响，我不会学这些的。我知道，我到店里可以学到的是什么。"

女儿的这句话让我很感动，我知道她已经有了足够的定力，也有了足够自我管理的能力。她知道什么是自己要的，什么不是自己要的。她知道用她自己的方式，去靠近她自己最需要的东西。所以，我对她说："我相信你。"

女儿把我带到店里，那是一家很自然、很简陋的小店，里面摆放了很多两个年轻人自己制作的创意作品，还播放着很深厚浓重的音乐。女儿老熟人一样帮我找到一个合适的位置，然后，给我介绍她的两个朋友。

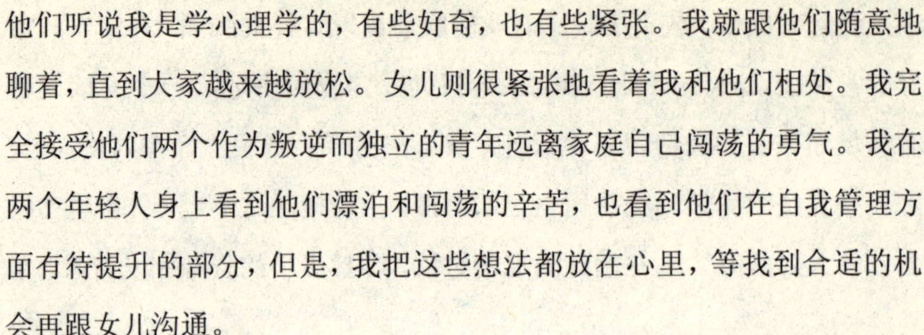

他们听说我是学心理学的，有些好奇，也有些紧张。我就跟他们随意地聊着，直到大家越来越放松。女儿则很紧张地看着我和他们相处。我完全接受他们两个作为叛逆而独立的青年远离家庭自己闯荡的勇气。我在两个年轻人身上看到他们漂泊和闯荡的辛苦，也看到他们在自我管理方面有待提升的部分，但是，我把这些想法都放在心里，等找到合适的机会再跟女儿沟通。

这次以后，我对女儿更加放心，我知道她在用她自己的方式，慢慢地摆脱我们的安排和控制，在用自己的方式去寻找未来独立生活的模式。她不再是那个害羞的孩子，只要有兴趣，她会主动去和人沟通和交流。只要不是太功利的谈话，她都会放松而自在地表达。她仍然看不惯那些过于世俗、过于功利的人和事，她在用她自己的方式去感受这个世界。同时，她在一步一步为自己未来独自行走做准备。我欣喜地看着她一天一天地成长，同时也感受到她正渐行渐远，逐步走出我们的怀抱和视线。她那么笃定、那么有力量地开始她自己的探索。这，让我既放心，又有些不舍。

在孩子成长的过程中，父母必须学会放手，这是父母必须体会的复杂感受，也是必须经历的过程。女儿要长大，我们要给她空间，允许她长大。女儿用她的行动告诉我们，她一点点长大，我们可以放手、可以放心了。

自己的未来自己把握

带着满满的祝福，父母将孩子完全地送出去，让他在更宽广的空间和世界里去完成自己的探索和体验。

初中时，女儿曾听说学校每年都有世界联合书院的选拔项目。那时她和同学认为，那是一个非常非常神秘的过程。当她开始做环保工作后，她参加这个项目的愿望越来越强烈。她了解到世界联合书院的融合、包容等宗旨，跟他们环保社的宗旨是一致的。她看的《一辈子做女孩》那本书，让她发现印度有很多吸引她的民俗和文化。所以，她期望有机会考上设在印度的联合书院。

她一直很积极主动地做2011年应考的准备。开学初，她听说当年没有去印度的指标，而只有一个加拿大的指标。她有些失望，我们都劝她，借这个机会去试一试、练一练。她在网上查加拿大学校的资料，包括维多利亚港独特美丽的港口环境，还有学校文化和传统等。她开始慢慢培养起参加面试的兴趣。学校有十几个孩子报名，经过外教考核，确定最后参加苏州市面试的人选。女儿说她跟老外谈得还挺轻松，并且那本在美国畅销的书《一辈子做女孩》，成了她和外教共同讨论的话题。

学校里的面试是在高二会考之前进行，3月20日，会考结束当天下午，我们接到了学校的面试通知，说苏州中学本部、园区校和苏州十中各有两个同学，共六人去参加3月28日最后的面试。这消息，让刚出考场的女儿非常兴奋。

学校老师和校长，给了很多相关的往届面试的资料，而女儿自己也还要准备一些自我介绍等资料。因此，班主任陆敏老师就把电脑借给她，让她在学校可以随意查阅资料、制作档案。

简单地准备后，女儿在3月28日那天去参加面试了。当天早晨，我和先生开车送她到苏州外事办，外事办院子里很安静。我们来早了一会儿，就坐在车里，听着音乐很自在地放松着。

直到8点半，我们送她进楼里，女儿就坚决挥手让我们回家了。她不让我们陪，她要自己经历这个过程。我们回来之后，各自忙自己的工作，不时想起来时，我们就会猜想她进行到哪个阶段了。

上午是自我介绍，吃过午饭之后，是第二轮团体面试。六个人分两小组，15分钟讨论，用广告方式介绍中国传统文化，每组三五分钟的展示时间。然后，就是等着漫长的合议审定的过程。

到了下午3点多，我猜测时间差不多了，就约先生一起开车去接她。

下楼时，接到女儿电话，仍然是她平常的沉着淡定的声音："妈妈，我被选中了。"我听了这几个字，兴奋地大叫起来。她在电话那头却提醒我"注意形象"。我忍不住，仍然用笑声表达我出乎意料的喜悦。

等我跑到校门口拉开先生的车，大声告诉他"女儿被选中了，选中了"时，先生却不肯相信。我反复向他确定信息的真实性。没想到他的第一反应是："哦，女儿要走了。"他悲伤的语调表现出，他已经开始进入离别的情绪里了。尽管这样，我们仍然是无比兴奋，开始给相关好友打电话，一路上忙得不可开交。

当我们到面试教室时，看到女儿正在跟考官们做进一步的沟通，我们两个只能站在旁边，完全插不上话。看女儿自如而略带一点点兴奋地跟他们沟通，我们突然发现，我们已经帮不上她，这个孩子已经不属于我们了。那一刻，突然有一些不习惯，因为以前不管发生什么事，我们都可以给她一些参考和意见。而现在，她要到一个完全陌生的、我们没有去过的国度，说着我们听不懂的话，我们已经无力相帮了。我们心里明白，从现在开始，要真的完全地把女儿送出去，送她到一个更宽广的空间和世界里，让她自己去完成她的探索和体验。作为爸爸妈妈，我们只能站在她身后祝福她了。

加拿大学校校长和招办主任来跟我们告别，我们用少得可怜的蹩脚英语跟他们做交流。他们说很喜欢女儿的阳光、积极，他们恭喜我们有这样一个优秀的孩子。我们除了感谢之外，真的也说不出来什么话来。

直到送走所有考官，我们三个开车回来，仍然沉浸在考中的喜悦中。这似乎有些意外，又似乎在情理之中。我们不断接到亲朋好友的祝福电话，不断感受着有喜有痛的那份复杂心情。

晚饭我们是到外面酒店吃的，叫了奶奶和外公，五个人有些冷清，不过却是非常有意义的一顿晚餐。爸爸家族的代表是奶奶，妈妈家族的代表是外公，两位老人一直很爱这个孩子，对她给予了很多期望，在她拿到好成绩的这个晚上，有两个老人的陪伴，已经足够了。

我一个晚上都在接听电话，这似乎是一个超出了我们自己家庭的喜讯，有很多亲子课程的学员打来电话，表达他们的感动和喜悦。他们看到了用亲子课的理念和技巧培养出来的孩子。这活生生的案例让他们激动，也让他们更有信心。还有我的很多朋友也打来电话，向我表达他们发自内心的祝贺，这是大家同在一个系统学习、成长，给予彼此的支持和祝福。渐渐地，我感觉到越来越多的力量和爱，从四面八方涌过来。是的，女儿的成长，是我实践和学习NLP亲子课程的过程，也是我分享NLP亲子课的过程。很多学员熟悉我的女儿，因为在我讲课时我会介绍女儿的一些案例，他们早就认识了这个孩子，而今天这个孩子出色的表现，也让学员们感受到同样的喜悦和快乐。

不止一位朋友发来短信，祝福女儿，说“她离美国农场主的梦又近了一步”。我接受着这些祝福，分享着这份喜悦，同时也感受到，一个更大系统的力量和爱，是对女儿最大的支持和关照。

吃过饭，我跟女儿走路回家，一路上我们回顾着17年来她的成长之路，突然有个惊奇的发现：她的每一步每一个环节，似乎都在为今天做

准备，为她的未来做准备；她的每一次尝试，每一次远行，都在为她将要到来的远行做准备。现在我们终于明白了“一切发生了的，都是最好的安排”这句话的深意。我们很庆幸，庆幸某一步把她带到了下一步，庆幸某一个重要的人，给她提供了一次经验和体会。就是这样许多的庆幸，组成了这条似乎情理之中的路径。

我们有很多感恩，感恩生命历程中的每一步、每一个人、每个事件，感恩未来将要到来的一切，也感恩更大的宇宙和系统冥冥之中的支持和爱。

我们在这样的喜悦中度过了两天，然后，我们就陷入了茫然，那个学校到底是怎样一回事？我们要做哪些准备？接下来要做什么？我们全然不懂。感谢张昕校长，又是他在最关键的时候，跟女儿做了交流，让她了解到世界联合书院重要的地位和未来的发展方向，也让女儿明确她接下来要做的就是学习外语和掌握中国传统文化的技能，让她未来在那个多民族、多种族聚集的学校里，可以代表中国做些什么。

女儿很快就在网上找到了学英语的途径和机构。同时，她还连续几天应付媒体记者的采访，这个一直认为做人要低调的孩子，现在要去说一些冠冕堂皇的话，对她来说实在是一种挑战。她开始纠结，她不愿意面对公众展示自己的想法，现在却不断受到冲击。我提醒她，这是一个宣传学校、代表学校发出声音的机会，也是你可以为学校做的一点点事情。你不要说你不想说的话，只要真实表达实际的信息。

女儿在培训机构和学校间奔波，她感到身不由己，她感受到需要适应外界很多新的要求和压力。我提醒她：“你的第一个改变已经开始，假如你想为这个世界做些什么，有很多时候，你可能身不由己。很多时候，你可能要忘掉自己。”女儿的耐心在她接受第三次采访之后，到了顶点，她实在不习惯重复做自己不愿做的事，我尊重她的意愿，帮她挡掉了其他的采访。

女儿的胜出，给很多同学、家长，甚至一些教育工作者一些启发和思考。大家在分数和素质之间，在服务付出和索取之间，看到了新的平衡。大家也在我和女儿互动的过程中看到了不同的家教模式和方法。

所以，媒体的采访，会对很多人有很多启发和影响，也有越来越多的学员和朋友要我介绍女儿成长的所有故事。在一个课程中间我们安排了一次讲座，由我分享跟女儿一起成长的故事，先生也忍不住发表了他很多独特的见解。作为爸爸，他有很多独到的见解要表达，这是爸爸的骄傲和自豪，他的见解也给现场很多父亲以启发和影响。因为很多人的提醒和督促，我有了静下心来，把女儿成长的故事整理出来的这份动力。

女儿8月末将要远行，到底她未来会有怎样的状态和人生，我们不知道。我们能做的就是继续站在她身后，祝福她，信任她可以照顾好自己，去为这个世界做更多好事。不管她怎样，我们都会一如既往地爱她、支持她。

也许有一天，我会续写这本成长故事。也许有一天，女儿会从她自己的角度反思她成长的故事，反思我对她教育影响的感受，这些都只是也许。我不去策划，不去设计，有的是顺服，顺其自然地等待未来在我们面前展开。

我还要用这样的方式感谢我所有的朋友，他们对女儿和我们给予了很多生活上的支持和帮助；我要感谢曹蕾、马静这两位朋友，她们经常作为代理家长去帮我们开家长会；我要感谢我的父亲、母亲，感谢他们对女儿从小的照顾和陪伴；我要感谢我所有的亲人，对女儿一直的期待和鼓励；感恩所有老师对女儿的细心呵护和陪伴，也感恩所有朋友、所有学员，感恩你们对我的推动和帮助。

当这本书成形的时候，也是我们开始新的探索的时候，一切都刚刚开始，让我们试着去看生命新的旅程。

第二章

放手，让孩子成为她自己

童心有两个。第一个是灵活、开心、无惧、好奇、活泼和创意极强等，这应保持在心里，因为它帮助我们成长的同时，给我们更大的成功快乐。另一个是不负责任、过分要求、不付出而要求收取、想控制别人、借抱怨来要求别人代劳等，这应放下，因为它妨碍我们成长的同时，拿走人生里该有的成功快乐。

There are two inner children. The first one is flexible, happy, fearless, curious, lively and creative. We should keep this inner child in side ourselves, because it helps us to grow and gives us more success and happiness. The other one is irresponsible, unreasonably demanding, taking without giving, wanting to control others, and finding others to do it for us through complaints. We have to let this one go, because it prevents us from growing and takes away the success and happiness we deserve.

冉鑫安/译/绘

正面暗示，让女儿爱上数学

缺乏兴趣和信心，是孩子在不擅长科目上的最大障碍，而巧妙的正面暗示则可以同时解决这两个难题。

我是偏文科兴趣的人，所以，在女儿还小的时候，我就给她读书、讲故事，几乎没有对她做过任何数字方面的训练。

直到女儿上小学，当她发现可以很轻松地玩着学语文，却不能用这样的方式学数学时，她很困惑。我开始觉察，这是我早期教育的一个缺陷，没有对她进行数学训练，让她自发地用学语文的状态去学数学，这一定会给她带来很多不顺，甚至挫折。

回顾我自己当年学物理总是不及格的惨痛教训，我知道一个人如果怕学某个科目，丧失对某门课的学习兴趣，一定会影响他对这门课的学习。兴趣和信心是很重要的因素。针对这种情况，我只能尽力补救：暗示孩子喜欢数学，爱数学。

我的方法就是，每次老师要求家长签字时，我都认认真真地这样写道："感谢数学老师，让我的女儿如此喜欢数学、如此爱数学，谢谢莫老师。"

因为我这样不露痕迹的暗示，强化女儿喜欢数学、爱数学的观念。女儿每学期的素质报告书上，最喜欢的科目一栏里，始终填的都是"数学"

科目。

这善意的暗示，在女儿小升初之前受到了冲击。数学思维毕竟是需要训练的过程，女儿从没有在数学学习上多下过一点工夫，使得她的数学成绩在很多同学中处于劣势，也给她的总体成绩扯了后腿。

不过我也意识到，这同时也为她成绩提升创造了很大的空间。她如果开始系统地做题目，接受训练，就会在很短时间内有很大的提升。所以，我对她说："家长会上老师讲了，你是最有潜力的，你可能会成为班级中的一匹黑马。因为你一直都没有在数学上下过工夫，所以一旦你开始下工夫，你将是成绩上升最快、进步潜力最大的。一旦你的数学成绩好起来，加上你本就优秀的语文成绩，你一定会在班级中创造奇迹！"

我用这样的话一次次地暗示她，并跟她一起制订数学训练的计划，她不肯找家教，那只有自己多做题目。经过一个多月的强化训练，女儿对数学真的找到一些感觉，每当做出一道难题的时候，她都非常欣喜。而当她偶尔做出一两道别人做不出的题目时，她就会变得信心满满。

而这时，我就会给她加油说："就是！你这么喜欢数学、这么爱数学，肯定会学得好喽。"

最终，女儿在小升初的入学考试中拿到了她在小学的最好分数，结束了她的小学生活。进入初中，她发现，班级中有很多数学天才，尤其是那些活泼好动的男生，几乎不怎么听课，但每次数学、物理都考得非常好。她感觉非常不公平。这时我就跟她分析男生、女生思维类型的差异，同时帮她看到，她在数学学习方面还有更大的提升空间。

初中升高中之前的反复强化训练，让她的数学、物理都在班级中遥遥领先，她更加坚信自己"喜欢数学，爱数学"。

到了高一，很难的数学和物理把她牢牢地给拴住了，但她自己已有非常明确的定位：我很喜欢数学，也喜欢教数学的王老师，只是我题目做得不多，所以分数不高。

在不知不觉间，她已经把爱数学和数学的考分区分开来，这成了她内在一个可以靠近数学学习的很重要的种子。

高一下学期，她的数学考出了非常凄惨的分数，总分160分，她竟然只考了60多分。高考制度改革后，语、数、外三科成了非常重要的考试科目，她数学不好，在未来的高考中会有非常大的困难。所有人都在提醒她，她虽然也很焦虑，但她同时也很明白自己的状态："我题目做得不多呀！"

后来我也开始着急了，我害怕如此能干的女儿在未来的高考中处于劣势，于是我就经常督促她做数学题，还问她需不需要找家教。但每次她都斩钉截铁地说："我知道这是因为我的题目做得不多呀！"

"那你打算什么时候开始做题目呢？"

她不接我的话，我的努力也无效，最后只好由她去。

直到高二分科以后，她选择了文科，把那个老大难的物理暂时放下了。她无比轻松地跟我说，现在学的每一科都是她喜欢的。

这个时候，她多了很多时间和精力去做社团，也花费很多时间和精力去做看起来与学习无关的事情，我着急催她，仍不见她有所动静。

直到期末考试结束，女儿的班主任陆老师给我发来短信："祝贺冉鑫安，她在期末考试中成绩优异，全班第一。"

我们无法相信，她竟然考了第一？

"她数学考了多少？"

老师说："总分130分，她考了118分。"

啊！这可是非常大的变化！

当我把成绩报给她时，她却淡淡地说："哦，我早知道了。"

我不明白她的数学成绩怎么这么突飞猛进，面对我的不解，她还是淡淡地说："我做题目了呀，只要有时间我就在做数学题，我已经做了厚厚的几大本题目了。"

“哦！”我又只剩下感慨的份儿了。

她就是这样，悄悄地暗中加力，悄悄地安排自己的生活。她知道，自己付出多少就会有多少回报。她从没害怕过数学，没有讨厌数学，所以她才可能有这样加力冲刺的状态。我曾咨询过很多学生，按照他们的说法，当他们怕学某门课时，就会逃离这门课，然后不知不觉就进入一个恶性循环，再没力量让自己完成这门课的学习。

对此我深感庆幸，同时也感到得意：幸亏我如此小心地用了一点心理学技巧，把女儿引导到“我爱数学，我只是暂时还没学好”的暗示里，为她准备好的发力做了很重要的铺垫。这也是我做妈妈的良苦用心啊。

当女儿的数学学得越来越好的时候，我的欣喜是发自内心的，那份得意也是发自内心的。假如父母可以帮助孩子成长的话，那么独具匠心的设计和安排也许是他们能给予孩子的最有效的一份帮助。

但愿这个经历能给很多父母一点启发和影响，让他们明白怎样才算给予孩子最有效的学习上的帮助，怎样帮孩子种下热爱学习的种子，带动和促进孩子的学习。

给女儿办人生第一次画展

热情洋溢的鼓励和肯定，会让孩子得到巨大的信心，也许就此开辟一片新天地。

孩子都爱画画，这似乎是所有孩子的天性。我的女儿也爱画画，不过除了美术课和她自己随意画，我们从没有给她额外的指点，她完全凭自己的兴趣去画。

到小学二年级时，她已经积了一大沓作品。有一天我突发奇想，既然她这么爱画画，我们不如帮她办个画展，将她的这些作品都展示出来。我提出这个建议，家里人都没有反对。于是我就行动起来，在家里的走廊、过道拉上很多条线，把女儿的画一张一张钉在线上。我做得饶有兴趣，而我的热情也带动了先生和孩子的兴趣，他们也自发地帮我一起做这件事，不过一会儿，过道两边就挂了满满的绘画作品，这时我才发现女儿在不知不觉间已经画了上百张作品。

画都挂好了，再写个前言就更像画展了。于是我动手起草了一份前言："冉鑫安，爱画画、爱观察，特举办人生第一次画展，敬请各位亲朋好友光临！"我们帮她把这份前言贴在门外，并动员一些亲友到家里来看。最给力的是，女儿小学班主任王老师听到这个消息后，竟然约了同小区里女儿的几个同学来家访兼看画展。性格活泼、快言快语的王老师，带着十分夸张的赞赏表情给了女儿极大的肯定；还有那个憨憨胖胖的陶强强，在看画时，将一根手指放在嘴边，一副羡慕得不得了的样子，而且他看每幅画时都会发出"啧啧"的赞叹声，还用一种饱含钦佩的目光看着我的女儿。

女儿站在一旁，看我向他们介绍每一幅画。然后她又应同学和老师的要求，在钢琴上匆匆地弹了一首曲子，这算是她第一次"秀"自己的才艺。2003年，在我写第一本书时，有一天女儿翻我的书稿，说在文字里面看到了很多画，很感兴趣。我立刻邀请她帮我画插图，并向她承诺，等书出版了会给她稿费，刺激她一下。女儿很乐意，她开始翻看书稿，然后画一些简单的插图。

待那本书出版之后，我给她发了几百块钱奖金，作为她第一次创作所得。

她9岁时，李中莹老师想将他的《人生的钻石》这本小册子出个绘画本，我跟女儿提起这件事，大力渲染了这个绘画本正式出版后会有很多

版税。如果她设计插图，也可以获取一定的版税。女儿因此很积极地着手设计这本小册子。

不知不觉间，她积累了很多智慧，可以读懂那些成人化的一两句名言的内在深意，并且还能用简单的画面将这些深意表现出来。看她一遍一遍地设计，一遍一遍地勾画，这其中当然有她的很多坚持，也有她力求完美的表达。这些画图中也有很多唯美的创意，就连我这个在图片欣赏方面表现笨拙的人，看到画后也会产生很多很多触动。当我带着欣赏的眼光看她画画时，我总会忍不住地惊叹：你怎么会想到这样表现？她神情总是淡淡的，甚至总是对我说："唉，画得还是不好。"

她心里有很多画面，她的手会把这些画面很精准地表达出来。看她设计得辛苦，她爸爸很心疼，特地为她设计了一盏投影灯，让她可以在勾勒画面时，更简单轻松一些。

就这样，女儿绞尽脑汁地用画面表现每一句话。画了改，改了画，寻找创作的灵感。几个月的时间，她就积累了厚厚的一沓画稿。她从中选出最得意、最满意的四十多幅画稿寄给了李中莹老师。看到画稿的朋友都惊叹这个9岁孩子的想象力、表现力，而我同时也看到了她对那些文字的理解力、感悟力。这也是我希望她参与这次插图绘制的深层动力：通过画面来表达这些文字，让她可以更深刻地体会那些名言内在的智慧。

不知不觉中，她开始用这些画去影响她周围的同学，帮助他们。某天吃饭时，她跟我们讲起发生在学校里的故事，某个同学做了怎样的事情，心情不好。她用了怎样的一句话给了他提醒，那个同学很震惊，她自己也很得意。这样的故事越来越多，她画画的热情也越来越高，她的智慧也在不知不觉间积累得越来越多。

感谢李中莹老师对这个孩子的支持。他曾经亲手签了一份聘书：聘冉鑫安小姐为《人生的钻石》这本书的插图作者。这份正规的聘书原件一直收藏在我的家中。我想，它对女儿的意义已经超过了画画本身，李

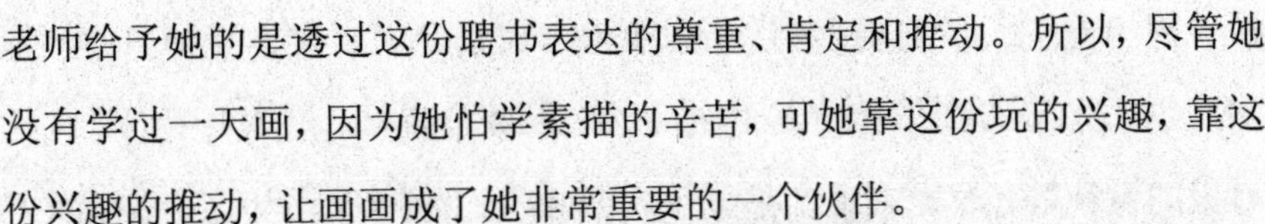

老师给予她的是透过这份聘书表达的尊重、肯定和推动。所以，尽管她没有学过一天画，因为她怕学素描的辛苦，可她靠这份玩的兴趣，靠这份兴趣的推动，让画画成了她非常重要的一个伙伴。

她会在T恤衫上绘画，会在牛仔裤、帆布鞋上画画，她也会在有水汽的窗上信手拈来地画上一幅画。她的课本、练习册上更有很多她信手绘制的图案。我曾开玩笑说，以后不用担心她的工作了，靠画画她就可以养活自己了。

在看漫画的年龄，她接触了大量日本动漫，并引领了班级同学看动漫的风潮。开始她只是看纸质动漫，后来去网上下载漫画书。我一直不明白那些乱七八糟的画面和很小的字体里面会有什么乐趣，我甚至都找不到看画的顺序。女儿不厌其烦地讲给我听，不厌其烦地推荐我去看一些日本漫画，直到我在她陪伴下看了几本日本动漫书，我才明白，原来这些动漫书并不是我想的那么暴力，内容也并非简单和幼稚，其中不乏有关处世哲学、人生哲理的故事，是很有深意的书。

女儿曾经写过一篇调查报告，名为《关于日本动漫和美国动漫的区别》。她在报告里有很精辟的论述。她说日本是一个全民动漫的国家，他们有适合不同年龄、不同性格的人看的漫画，他们把对孩子的教育融入动漫当中，以动漫形式呈现，动漫甚至会伴随很多日本人一生。而流传到中国的那些漫画只是其中极其糟粕的一部分，并不能完全代表真实的日本动漫。美国动漫则偏于低龄化。她的那篇调查报告让我开始对她刮目相看，也对她获取知识的来源有了更开放的看法。原来，她是用这样的方式了解这个世界的。日本动漫有如此大的魅力，一定有它的原因。在很多动漫中，我也看到很多美好的东西，如人性的善等，这些对孩子来说都具有好的引导作用。有些动漫中所表现出来的一些智慧甚至是我这个年龄才能领会到的，而他们则早已用动漫的方式传达给了孩子，这些都让我有很大的触动。

因为看了大量的漫画书，所以画漫画对女儿来说可谓无师自通。她因此也成了班级和学校宣传时的主力，黑板报设计、广告片设计、宣传海报的设计等，对她来说都是一个实践和表达的过程。女儿在感受这个世界的美丽，也在用她的画笔表达着自己对这个美丽世界的赞美。

当李中莹老师付给她4000元钱作为《人生的钻石》的插图设计费时，她很清醒地说:“太多了，我还不是一类插图作者，拿不到这么高的稿酬。他付这么多钱是看你们的面子，我只拿一半，这才是真正属于我的。”听了她的话，我和先生都不禁感叹她有如此清醒的自我认知。我也曾鼓励她去学美术，可是她很坚决地说:“我不要，我不想那么辛苦地去画素描，我只想把它作为兴趣爱好玩一玩，不想把它作为职业。”我们也只好作罢。

后来，当她确定要出国，并着手出国前的准备时，她开始主动去学一些技能，以表现中国传统文化的精髓，因此她选择了去学国画。鉴于她有一些画漫画的功底，她学起国画来也挺容易上路的。所以，当她捧着一束梅花、一盆水仙和一群小鸡回家，并用国画形式将它们呈现出来时，我也只有羡慕和崇拜的份儿啦。

从去年开始，她又迷上刻橡皮章。她从网上了解到这种创作方式后，就开始模仿、雕刻。她准备了刻刀、橡皮、印油，从临摹到独创，她已积累了上百个印章，这都是她挤出时间做的。在雕刻中，她会忘我，会不断否定自己，这种追求精致的劲头儿往往会耗费她很多时间，因此从拓稿到刻完一个作品她有时要耗费半天，但她自己却乐在其中。我也曾劝她不要花那么多无谓的时间，但总是无功而返，也只好任她去做。不过，等到每个印章刻出来，看到她那份满足与自得，我也就释然了。虽然我心急于她耗费那么多时间，但同时又暗赏她的那份自得其乐的笃定与闲适。出国时，她带了全套的橡皮章雕刻工具，为她增添了多一份的自信！

骑在围墙上看书的孩子

书籍能丰富一个人的生命和智慧，一个爱读书的孩子，肯定会成长为一个好孩子！

女儿从小就胖胖的、壮壮的。她身体灵活也很有力气，不过因为头发不好，所以我一直帮她剪很短很短的头发，这让她看起来更像个男孩子。

每到寒暑假，她总是很忙，跟小区里的小朋友到处跑来跑去、打架，或者去做孩子们喜欢的游戏，跟那些小男孩儿玩在一起，无论在精力和体力上，她都不相上下。

她学自行车只用了20分钟，身材高大是她的优势。当时，小区里有四五个小孩儿练习骑一辆小的两轮自行车，她跨上去就像骑一辆玩具车，不到20分钟，就可以自由地骑着这辆车到处跑了。再过一会儿，她竟可以在后座上带上一个同学。这是她学骑自行车的简单经历。学会了骑自行车，她的行动更自由了，视野也开阔了。当她骑上自行车跟我们一起兜风的时候，她总会表现出一份满满的自信和潇洒。

小学三年级的暑假，孩子的外公外婆搬到我们同一个小区里来了，不过他们住的是一楼，窗前有一段围墙。那时孩子的外婆正生病躺在床上，我们每天忙着照顾她，顾不上女儿，她就自己跟小朋友玩耍。

有一天，在烈日的午后，我推开院门，突然看到围墙上有一个孩子，撑着一把很大的深绿色雨伞，骑坐在围墙上看书。我惊呆了，想不到她会找到这么一个特殊的地方，在这样一个特殊的环境中，让自己享受读书的美妙。我担心她不知不觉睡着了从围墙上摔下来，就问她："你为什么坐那么高？"

她说，她在和小朋友比赛，看谁可以爬上围墙。围墙上太热了，她就想到撑把大伞；老坐在围墙上又很无聊，所以她就拿本书看，就这样不知不觉入了迷。她不知道自己在围墙上坐了多久了。我又好气又好笑，把她抱了下来，她就又跟小朋友去玩了。她虽然是个不太安分的孩子，但是却有一种很好的能力：随时能静下来。在做感统训练的时候，她会全力以赴，虽然天气很热，比赛也很激烈，但只要训练一结束，到另一个房间，她马上就可以静下心来读书。她的这种能动能静的能力，常常让我自愧不如。就这样，她一边玩耍着，一边读了很多书。

小学六年，她在一个当时教学理念很先进的学校——园区新城花园小学，度过了一段很快乐的时光。这所学校在建立之初，其教育理念是与新加坡的接轨的，不仅重视孩子的自发活动，还十分重视孩子的探究活动，老师布置的家庭作业孩子们在学校里基本都可以完成，回到家他们就有大量的时间去玩耍、读书。所以，她到底读了多少本书，我一直不知道。

她三年级时，有一天在家里读大部头的《福尔摩斯探案集》。有个朋友来访，看到她不声不响地在那里，问她在做什么。

她说："在看书。"

那个朋友拿起书看了看书名，很惊讶地问她："这书你看得懂吗？"

女儿有些奇怪，说："当然看得懂喽！"

"真能看得懂？那你给我讲讲里边的人物关系。"

朋友要考她，她也就老老实实地讲起了福尔摩斯和华生的关系。那朋友也就真的服气了。女儿读了很多书，也懂得了很多我们没有教她的东西，所以，常常会语出惊人。

就是在她的同伴中，她也常常会引领大家读书的风潮。《哈利·波特》第一册出版的时候，她只有8岁，我们帮她买了一本，之后她就成了《哈利·波特》迷，把那本书翻得快要烂掉了。她还把故事讲给同学听，勾起了同学的求知欲。这本书很快就在她的班级里风靡起来。

接着《哈利·波特》又出版了第二册、第三册、第四册……每一册出版的时候，她都是第一时间去买，先睹为快，接着再带动班级同学去看。她引领班级同学的读书风尚包括动漫、郭敬明的书……她的零花钱都用来买书了，家里堆了越来越多的书。她也会跟同学互相交换着看书。

她还是学校图书馆和社区新华书店的常客。她看书真的就像高尔基所说的那样，“看书，就像饥饿的人扑在面包上一样”完全沉醉于书中，听不到也看不到周围的一切。走在路上、坐在车上她都会看。慢慢地，她成了同学崇拜的对象。不过，她又不喜欢跟大家一样，所以，每当她把一个潮流引导给大部分同学时，她就开始转向去找新的书刊或时尚，快速地寻找新的风潮。

因此，就有一批孩子跟在她身后，也因为她有这样的读书习惯，我对她越来越信任。因为我知道一个爱读书的孩子，一定是对这世界充满好奇的、富有热情的，也一定会吸收很多正面的力量做正派的人，一定会有更多自己的思考、更多对人生的感悟。

所以，只要她读书，我就全力支持，但她不爱读我推荐的书，她觉得我太落伍、太老套。我给她推荐的最受她认可的一本书是《一辈子做女孩》。我看过这本书之后，就跟她大力宣扬这本书如何如何好，在她耳边念叨了很久，她才肯去看一看。看过之后，她就萌发了要去印度的念头，这个念头也激发她日后想去考印度联合书院的想法。当然，这是后话。

她总是自己去发现和寻找她想读的书。印象中，她也给我推荐过很多书，比如，乙武洋匡的《五体不满足》，让我结识了一个乐观、积极、充满生命力的偶像人物。她推荐我看《窗边的小豆豆》、《狼图腾》，还有很多看似不主流，但极有文采、极富个性的作家的书。

她也会买《沈从文全集》等很“老”的书。所以，我常常笑她的矛盾。一方面她似乎很赶潮流，总要去找一些非大众化的书籍和作者；另一方面她又很复古，经常去买一些很老的作家所写的书。逛旧书店是她的一大爱好，每次逛完她都会提一大摞书。有一次她花一百多块钱买了一本线装书回来，她还收集了一本又一本的古代汉语书、繁体字的书、已经泛黄发旧的书。她说不知道为什么，她就是爱这些，所以她就储藏着。现在我也明白，这个选书、读书的过程，也正是她自己发现、自己寻找、自己去尝试的过程，这才是她自己的风格。

从五六年级开始，她就经常一脸正色地向我推荐："妈妈，这本书你要看。""妈妈，这篇文章你要读一读。"我总是很乖地听从她的意见，把她给我推荐的书和文章都细细地读一读，然后再与她分享和交流我的阅读感受。在跟她分享时，我常常发现她的视角很独特，她让我感受到"90后"这一代孩子睿智而又深邃的思维状态。每当我发现她的独特时，我总会由衷地表达我的感慨和对她的赞赏。

当她看完那一套《纸牌的秘密》时，还跟我讨论起哲学和宗教问题，而我也发现她很多想法已经超越了我的认识。所以，我们两个在一起总会有很多灵感激发和共同语言。我能听得懂、听得进去她的意见，偶尔也会做些补充。我在不知不觉中向她学习着。

当年，我是通过读书改变了自己命运的，而今天，女儿则通过读书丰富了她的生命和智慧。这是两种不同的读书境界。我是女儿买书、读书的支持者和推动者，我想，不管她每本书是否真的读完，是否真的读了进去，她在选书、理书时就已经体验了、成长了。

就这样，这个淘气、好动的孩子在读着一本本书中一点点地长大了。

"爱读书的孩子，一定会是好孩子！"这是我坚定的信念，而我也从女儿的成长中看到了读书的魅力和影响。

父母要及时反省自己的局限

孩子不只会从父母那里接受生存之道，他也会主动去学习一切于己有用的经验，父母应该信任他们，给他自由学习和体验的时间和空间。

女儿10岁那年的暑假，有朋友从南京来，我们在十全街请他们吃饭。

席间，朋友的两个男孩子，向爸妈要求："吃完饭我们要出去逛一逛前街。"大男孩已经18岁，高高大大的，他的爸妈毫不犹豫就答应了。这两个男孩子走后，女儿也要求道："我要先回家。"也许是刚刚两个男孩子走的惯性，让我也毫不犹豫地说："你先走吧"。问她带没带公交卡，她说："带了。"我告诉她："门口有4路车可以坐回家，到了家打个电话给我。"女儿答应后，就走了。

等我8点半到家，发现家里一片漆黑，女儿没有回来！我的心一下就紧了。已经这么晚了，她怎么还没回家？我一下慌张起来，脑子里冒出很多可怕的念头：是她坐公交车坐到反方向了吗？是她被别人骗走了吗？是她坐错了车吗？还是被谁欺负了？我到哪里去找她呢？所有恐惧让我无法安心，我马上给先生打电话，先生倒很安定，说："没事的，她会回来的。"

我听他轻描淡写地这样说，非常气愤。放下电话我开始想办法，我马上给公交车站的两个站点打电话，问有没有看到一个穿着白T恤衫的小女孩儿。我想，假如孩子晕车或者坐错车、坐过了站，她也许会被送到公交转换站，但两边都没有。我的心更慌了，更多可怕的念头开始占据我的头脑。我很后悔：为什么没有给她多装点钱？为什么没教过她如何面对这种危机情况？为什么没有提前告诉她要相信谁不相信谁？怎样

向警察求救，怎样向穿制服的人求救？

我等在公交站台上，追悔莫及。我万分焦虑地搜寻着路上的人们，直到9点，路上还是没有看到女儿的人影，而我的手机也没电了，再打不出去求救电话。无奈之下，我只好回家换电池。当我走到楼下，看到家里的灯亮了起来，我拼命地冲上楼去。我打开门，看到女儿正坐在电脑前。

我大喝一声："你怎么才回来？你为什么不打电话告诉我？我都急死了！你怎么会这样子？"

女儿转过头来看我的表情，她的表情从开始的欣喜慢慢变成疑惑，直到黯淡下来。待我喊完这段话后，女儿怯生生地说："我是自己走回来的。我还以为你们会表扬我呢？结果你一进门就批评我。"

这时我才冷静了下来，连忙说："对不起，刚刚我是太着急了，我快急疯了。告诉我为什么要走回来？怎么回事？"

女儿这才慢慢地告诉我，她从酒店出来，发现根本没有我说的4路车，唯一有的是28路，而且还不能用公交卡，她口袋里就只有一块钱，坐上28路只两站路就到了苏州大学西校门。那时她已经没钱了，于是就向门口的保安问路。她说因为前段时间我陪她在苏大校园里骑车兜过风，所以她想试着横穿苏大校园，从西门进去，从东门出来，这样就到了东环路，穿过东环路，离家就很近了。她一个人通过那座吊桥，穿过了苏大整个校区。在这个过程中，她问过3次路，每次都是跟穿制服的保安、警察之类的人问路的。她一路很幸福地体会着自己找路回家的快乐，一边暗暗地设计着如何向我们炫耀，如何讲她这个历险的经历。然而，她的这番计划被我进门的一顿呵斥打乱了，所以她讲起来已经没有那股兴奋劲儿了，不过却让我一下子发现女儿长大了。

她采用的这些方法都不是我教她的。她的这些举动也都出乎了我的意料！原来我能教给孩子的是很有限的东西，而她自己的准备和智慧已经超越了我可以给她的指导和要求，甚至我都落后于她的成长。这个事

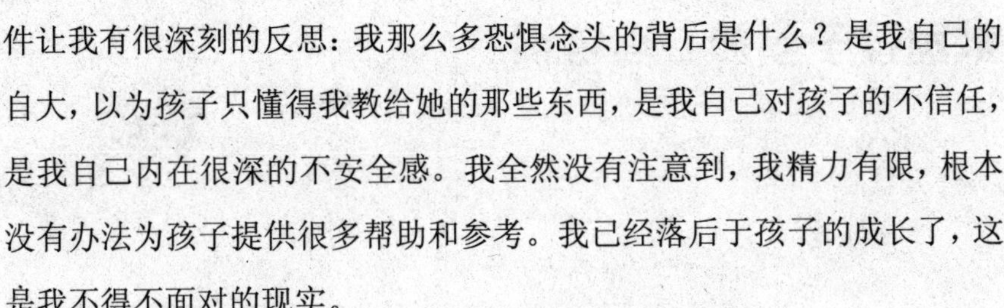

件让我有很深刻的反思：我那么多恐惧念头的背后是什么？是我自己的自大，以为孩子只懂得我教给她的那些东西，是我自己对孩子的不信任，是我自己内在很深的不安全感。我全然没有注意到，我精力有限，根本没有办法为孩子提供很多帮助和参考。我已经落后于孩子的成长了，这是我不得不面对的现实。

这个事件让我看到，孩子可以用她自备的能力照顾自己。一个多小时，十几里的路程，而且走的还是一条她从没走过的路，但女儿却走得那么轻松。在这个夏夜的晚上，横穿整个街区回到家里，这其中有多少勇气、胆量、能力、体力和智慧！我都没有给过她指导，可她都表现出来了。我还有什么不放心？

反思之后，我看到这个事件对我最大的意义是：女儿是有能力的，女儿是可以照顾自己的，我应该信任她，我没有资格不相信她！她已经用她的实际行动证明给我看，只有信任她，才是对她最好的尊重。同时这个事件也提醒我：很多话不要等到明天才说，现在能够想到的，能给孩子帮助的那些话，现在就去说，现在能给孩子帮助的那些事现在就去做，否则我们一生都会活在后悔、遗憾和内疚里。孩子平安归来，是我们的幸运，假如孩子没有回来，我不知道自己的后半生会怎样活着。

从那以后，我开始学习放手，开始把女儿完全放在她可以照顾自己的位置上，允许她自己出去散步，允许她自己骑车兜风，允许她自己到文化市场买书，允许她自己去十全街上逛逛或者自己出去吃喜欢的东西。每一次她都会有许多收获、发现跟我分享，从中她也获得了很多欣喜，获得很多自由探索的乐趣。女儿这一次次的独立行动也是她展翅前的一次次试飞。

这是一个让我刻骨铭心的经历，它让我看到，女儿就像是我手中的风筝，当她鼓足了力量往上飞时，我就要将手中的那条线慢慢放松。

自此之后，她有了自己尝试飞行的成长机会。

鼓励孩子参加心理培训

思想上的局限让孩子的成长受限。打破孩子的思想局限，让孩子自由成长，是父母应该做到的。

由于我自己在心理学的学习和培训中受益很多，所以我期望女儿也能够接受相关的训练。因此，只要有机会，我都会推动女儿去参加心理培训。

女儿上小学五年级的时候，无锡有一个"小领袖夏令营"活动课程，我带了她和另外一个男孩儿去参加。那个男孩子很聪明，也很要强，在三天的课程中，表现非常积极，只要有竞赛表演的机会，他总是第一个冲上台去，每一次他都会有丰厚的礼物拿回来。所以，不知不觉间他已经积累了很多的礼物：毛毛熊、小狮子、彩色铅笔、玩具卡片……

作为课程助教的我，一直远远地看着女儿和那个孩子的表现。跟那个男孩儿比起来，女儿显得被动、麻木得多，她从来不上台去抢那些礼物，她觉得那些同学很幼稚，自己懂答案就行了，为什么要到台上说出来？我觉得她有点不可理喻，既然你来参加活动，就要遵守活动规则，既然活动中有这一项，让你与别人分享答案，那么你把答案说出来也是你对大家的一份贡献。为什么把答案憋在自己肚子里不说呢？带着这样的疑惑我继续观察下去。

课程的第二天，有一个团体比赛项目。所有孩子都被蒙着眼睛，只能凭手里拿的塑料片形状去寻找每一组塑料片的规律，最先找到规律的组会得奖。我观察到女儿在拿到那个塑料片之后，几分钟就找到了规律。然后，她凑到同组大个子男孩儿旁边，把发现的规律讲给他听。并要求他快点站起来说，帮助小组得第一。那个男孩儿反应有点慢，女儿急了，到处去找麦克风，找到后就递到男孩子嘴边，她说一句，那男孩子复述一句，直到讲完为止。最后他们小组得到了第一名。

这个活动同时还安排了几个观察员，对现场学生的反应情况做记录，并把观察到的情况反馈给老师。老师做总结时，表扬了很多学生，包括那个大个子男孩儿，但没有提到我的女儿。我内心有些担忧，怕她会有不平衡的感觉，可是看看她，还是神态自若、安安静静地坐在一边。我有些惊讶，不知道她到底在想什么，也很好奇是什么让她有这份平静。

熬到课程结束，我终于可以跟她单独相处了。我好奇地问她："你发现了答案，为什么不自己站起来去说，却要教给那个男孩儿呢？"

女儿说："我说，谁会听？那男生是同学选出的组长，他有号召力，别人会听他说的。"

"哦。"我没想到，女儿的头脑中有这么快速的判别和决策力，我又继续问，"老师表扬了那么多同学，却没有你，你感觉怎么样？"

她说："很平常哦。"

"你难道不会生气，不会委屈失望吗？"我不放过她，还"以小人之心度君子之腹"来追问她。

她说："那有什么好失望的？我又不是要让别人表扬，我只是想让自己快点找到答案，让我们小组能胜出！为什么要别人表扬呢？"

她这句话很重地敲着我的心。是的，为什么我先想到要自己跳出来？想到不被肯定和表扬就会失望呢？这个孩子内在有很满很满的自我肯定，她不需要从外界获得，所以，她面对老师表扬别的同学才会表现得平静而自在。而当年的我，那么需要别人的肯定，那么需要被别人关注和发现，一旦没得到我所需要的，就会失望，就会自我否定，并因此而深感受伤。

我看到了我和女儿之间不同的状态、不同的自信，我也看到了女儿内在很深的智慧。从那时起，我已经很清楚自己的不完美，而愿意放低

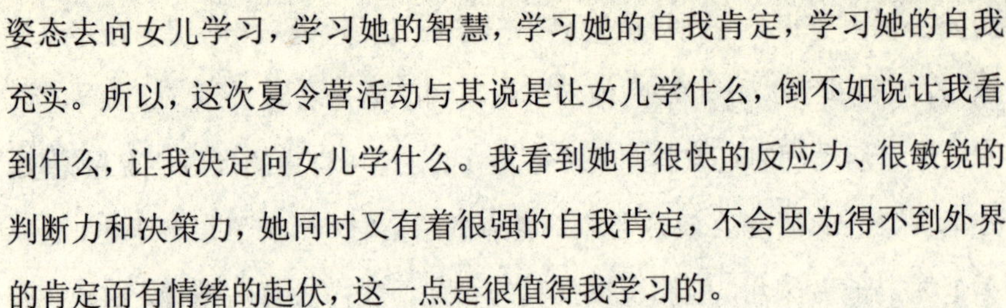

姿态去向女儿学习，学习她的智慧，学习她的自我肯定，学习她的自我充实。所以，这次夏令营活动与其说是让女儿学什么，倒不如说让我看到什么，让我决定向女儿学什么。我看到她有很快的反应力、很敏锐的判断力和决策力，她同时又有着很强的自我肯定，不会因为得不到外界的肯定而有情绪的起伏，这一点是很值得我学习的。

在此之后，她又参加过杭州的NLP课程，又一个人去大连参加了鼎狐少年的训练课程，一个人去南京学对称涂鸦，还一个人跑到深圳去学NLP少年培训课程。虽然每次只有三四天，可是，在这三四天时间里，她总会有一些共性的表现：

第一天开始自我介绍之后，她会感觉无聊、烦躁，就会要求回家。她会给我打电话，我虽很慌乱，但也尽力处理好，我一面安慰她：她可以做决定留下来，或者是回家；一面又给开课的机构负责人打电话，请他安抚孩子，让她尽可能留下来。于是，总会有老师单独去找她谈话，跟她沟通，建议她再听半天，再决定去留。

而熬过这一天，从第二天开始，她就会慢慢地沉静下来，跟随课程去体验课程的美妙与收获。到课程结束时，她又会恋恋不舍地带着满满的收获回到家。

这样的故事上演了几回，直到从深圳学习回来，她跟我沟通，说出了自己的发现："妈妈，我发现我每次自费去参加这样的培训时，第一天我都会折腾，我都觉得课程的形式很单调、很无聊。我害怕付出了这么大的代价，却得不到我所需要的。所以，我就会很焦虑、很慌乱，而等到我慢慢静下心来，我就可以体会课程了，我也很容易去跟大家融合在一起，也会学到很多东西。我真是个能折腾的人。"她能有这样的反思真让我感动和惊喜。我也和她分享了我的发现："是的，你害怕每次花几千块钱却得不到你想得到的价值，这说明你珍惜这个付出。同时，我发现，这也是你到一个陌生环境想被别人关注和在乎的一种模式，以你的知识储备，你会觉得自己比其他人要多懂很多、强很多，但你不习惯在一个陌生场合快速地打开自己，让大家认可你、发现你的独特性。你不想表现自己，却又渴望别人发现你的独特，为了满足这种内在被关注的需求，你选择了一个独特的招数：折腾。通过这个方式吸引主办方和授课老师的注意，让你有单独跟他们沟通和交流的机会，使他们发现你独特的东西，这样你就可以静下心来去享受课程了。”

这些是我的直觉，我看到女儿有很多需要突破的信念，她一直把“做人要低调”挂在嘴边，但实际上，她的这种想法却在不知不觉中限制着她的成长和发展。她一方面在快速积淀智慧，另一方面又不会适当和主动地表现，这会让她产生怀才不遇的感觉，或自命清高。这些会影响她日后与其他人的沟通和交流，也影响她能力的发挥和表现。

在这个适当的时候，我帮她看到自己想法的局限性，给女儿很多触动。

我继续跟她讨论“做人要低调”这个信念的局限所在。当一个人说“做人要低调”的时候，一方面是因为他很谦虚，而另一方面也是因为他害怕崭露锋芒，害怕面对风险、承担责任。这其实是内在不自信的表现，是需要突破的。

“做人要低调”保证了女儿日常生活的平静，因为很少被打扰，她可以有更多独立的思考和探索空间。而同时，“做人要低调”又妨碍了她的发展，因为在关键时候，她总不能快速地展现自己、表达自己。

一个不断储备才能的人，总要把这些才能表现出来、贡献出来，才有意义。另外，才能的不断储备会让人感觉与众不同，但有了不同还要压抑自己的展现，这也增加了自己的压力和烦恼。我帮她看出内心的这份纠结，同时也让她看到每个人在这个世界上生活，都要承担自己应该承担的责任，必要的时候，要主动承担责任。做人总是低调，做缩头乌龟，是对自己能力的埋没，也是对自己责任的推脱，更是内心恐惧和纠结的

体现，是种内耗，同样会让人辛苦。

女儿听了我这些话，没有反驳，我知道她陷入了思考，我也知道她目前就处在这个状态，有些自命清高，同时自感力量不足，没有办法自如地展现自己。我接受她这个状态，并帮她看到她可以提升和改变的方向。同时，我又引导她去思考：怎样采用不折腾的方式大方、自然、真实地表现自己的状态，不是炫耀，而是自然地表达自己；不是出风头，而是真实地呈现自己。任何行为都要看你的出发点是怎样的，看你是以怎样的目的去表现自己、担当责任，这才是一个负责任的社会公民的权利和义务。

很感谢女儿对我的信任，跟我分享她的困扰，让我有机会跟她做进一步的沟通，帮她看到自己成长的方向和可能性。当然，这也只是一个种子的孕育过程，这段交流到底在什么时候会引发她的哪些突破，我不知道，我只是做了及时的沟通和引导。我并不想培养一个领袖和伟人，我只是想让女儿知道，她如此对自己负责任，积极地储备很多能量和资源，并不是要把自己封闭起来，而是要在恰当的时候，承担她需要承担的责任和义务，那才是她在这个世界上的价值，也是她对这个世界独特而唯一的贡献。

人尽其才，物尽其用，每个人才会更轻松快乐，而世界也会多一份精彩。

尊重她的放弃，陪伴她的挑战

孩子自己的事情就交给孩子自己去决定吧，父母要做的就是尊重、支持他的决定。

女儿初中到苏州中学园区校读书是她自己做的决定。她说她要去过集体生活，去“炫耀”她的那些动漫作品。开学的时候，她差不多把自己所有的宝贝都搬到学校去了。

到了学校，她就开始张罗着要进入动漫社。她有太多动漫的海报、书籍和画，观众太少让她觉得不过瘾。所以，她以为到了学校会有好多人欣赏她这些宝贝。她把这些宝贝粘贴在床头、书桌，还带到教室里去，可是，应者寥寥。她觉得不满足，于是就去学校找动漫学生社团，但社团少有会画的，更多的是看的同学。她不满足，开始跟动漫社长沟通，她的这份热情给动漫社长很多触动。开学不久动漫社改选时，她就被推选为新一任的动漫社长，当时的动漫社成员主要是高二的同学。他们很赞赏这个年纪虽小，却很有思想的初一同学的勇气和专业度，建议她开始新一任的成员招聘。

她的才能终于有了用武之地，她设计招聘问卷、制订社团活动计划、确定培训方案等。可是，招来的十几个同学程度不同，兴趣也各不相同，很多人都以玩乐的方式和心态进入社团。无论是培训，还是绘画欣赏，都没有太多同学响应。而且，动漫社团一没资金，二没场地，每次组织活动，她几乎累得跑断腿，才能确定一个让初高中同学都能共同活动的地点，把同学召集在一起。

女儿很辛苦地做了一年多。初二下学期一个晚上，她打电话给我说，动漫社实在维持不下去了，学校领导不支持，同学也不配合，她干得很

辛苦。我跟她分析和讨论了很多改进的方案，她都否决了。

最后我问她："你到底希望怎样？"

她哀号道："我干不动了呀，可我又不想放弃，放弃很可惜呀！"

我建议她再寻找一些改进的方案，再去尝试，假如都不行的话，也许她需要学习一种新的体验，那就是放弃。

这次谈话不久，女儿告诉我，她从动漫社长的位置上主动请求退下来了。这之后，学校动漫社再也没有开展什么活动。初中三年里，女儿没有在班级担任任何班干部职务，她说她喜欢为同学服务，可她不愿意做班干部。我尊重她的意愿。她一直是一个热心的孩子，也有一点点编剧的能力，所以每当学校有各种文艺活动，班级要出节目时，她都会成为主要策划人之一。她会带着大家一起设计、彩排，把其他同学推到台上去，而她只是坐在台下欣赏，做幕后英雄。她似乎很喜欢这样的位置。

初三毕业前一个月，她告诉我，学校要为初三班级举行毕业典礼，典礼上每个班级都要准备一段自我总结和介绍的投影片，还要组织一些活动，表现自己班级的特色和长处。她说，老师问谁愿意做这件事时，她最先举起了手，老师就把设计这个活动的任务交给了她。

她回来讲述这件事时，我的热情也被她点燃了，我觉得这件事情很有意义。初一进校，同学们还不谙世事，经过三年的成长，每一个人都会有自己的变化。回顾这段成长的过程，对班级每一个同学来说，都是非常有意义的反思和记录。

所以，我充满热情地支持她、鼓励她，并表示愿意为她提供所有材料和思路。有了我的支持，女儿干得更有劲了。她开始收集同学手里的照片，开始写主持词，我也一直把刻在我脑海里，那首王蒙的《青春万岁〈序诗〉》找出来，打印给她。那首诗曾经感染了我的青春岁月，每一次读它我都有种心潮澎湃的感觉。我充满热情地读给她听，推荐给她，她接受了。

我同时提供了很多设计方案。比如怎样向老师致谢，怎样写一个20年后的心愿，做成漂流瓶，我的很多念头被女儿当场否决，但也有一些想法得到了她的认可。

不知不觉地，准备这个毕业典礼的仪式成了我们两个充满热情的互动过程。这时候已是毕业考前最繁忙的阶段，但我却觉得完成这个毕业活动设计比毕业考试还重要。因为，这是孩子生命中的一段沉淀和积累，而人生就是由很多美妙回忆组成的重要积累的过程。

女儿花了一个多月的时间做那些投影片，对比初一时每个同学稚嫩的脸和初三时每个同学的成熟表情，她感慨很多。在投影片中，她穿插入充满热情的诗句，她追求完美的性格让她数次修改，煞费苦心。

毕业典礼那天，我和先生一起去参加活动，当看到主席台上班旗飘扬的时候，我落泪了。我这个人很容易在各种仪式上感动和落泪。我感受得到，现场每一个家长和孩子，回顾成长岁月时的那份激动、那份感慨。一百多个学生，一百多个少年的生命，三年的岁月，在他们的人生中是怎样一份重要的旅程？

班级的自我介绍是按顺序进行的，每个班都有自己独特的设计，有很美的投影片，有充满热情的老师，还有可爱的同学。每个班级的投影片都是它们最好的展示和回顾。女儿代表二班出场的时候，她站在台上，竟然有那样一份沉着和淡定。

我的眼泪又落下来，她那样充满激情地朗诵着《青春万岁〈序诗〉》，她解说着投影片上的每个故事。她也带动着同学，向老师致谢，把他们的愿望，藏在老师的漂流瓶里。班主任顾老师是第一次带班级。三年里，她看着孩子们长大，自己照顾自己。看到孩子们如此独特地向她表示谢意时，她流泪了。这是让人欣喜的、感动的泪。

台上20分钟，女儿沉着、冷静地主持着班级所有的活动。看不出她的胆怯，看不出她的紧张。我看到的是她的那份自信、那份优雅。我为女儿如此精彩地亮相而激动。我不知道她什么时候练就了这份自如的、当众演讲的能力。那个一向说着“做人要低调”的孩子，是什么动力让她能主动拿到这个机会，让她如此镇定地带动整个班级的同学来表现他们自己？我不知道她内在发生了什么变化，我看到的只有她那份长大的自信和对未来的期待。

“所有的日子，所有的日子都来吧！让我们拥抱你们，用青春的金线和幸福的璎珞编织你们。所有的日子，所有的日子都去吧！让我们带着爱祝福你们。”

结束时，女儿引导大家去想象。在每个同学的背后，都站着父母和老师，每一个孩子的身后都有用爱连接起来的人墙，每个孩子的身后，都有无数祝福的眼睛。这一段引导语我经常在课堂上使用，让每个学员都能感受到自己家庭系统的支持和爱。而女儿已不知不觉地，把它运用在自己生活中，把它分享给更多的同学，让他们在父母的祝福之下，带着满满的力量和爱去走未来的路。女儿真的长大了。带着对高中生活的崇敬和向往，带着对初中三年生活的回顾与总结，她要开始新的生命历程了。

从头到尾我一直在流泪，陪着这些成长中的生命，感受爱、感受激动、感受祝福，这就是最精彩的。

女儿参加初中毕业典礼，是她一次人生的宣言，也是她人生最重要的成人礼。我看到了她“该出手时就出手”的主动与积极，也看到了她内在的力量与自信，还有她对细节设计的完美追求与精致，我为女儿喝彩，为女儿骄傲！

推动梦想诞生："我要当农场主"

有梦想，才伟大，无论孩子的梦想在你眼中多么可笑，都不要贬低它，而应充分利用这个梦想来推动他成长，这才是明智之举！

女儿二年级时，一个秋日下午，阳光透过窗户洒到窗前的大床上。她整个人懒懒地躺在床上好长时间，不去读书，也不去学习。我有点急了，就问她："你在干吗？"

她说："我在晒太阳。"

我说："你啊，都晒了这么久了，怎么还不去学习？"

她说："这样很舒服。"

我说："现在这样舒服，要是一直晒下去，将来怎么办？"

她脱口而出："将来就到美国农场晒太阳。"

我的第一反应是：这孩子好懒，真没出息，就知道享受。可是转念一想，能到美国农场去晒太阳，这可是一个挺大的野心了！我就顺势对她说："你要到美国农场晒太阳，那很好啊，但是你怎么能到美国呢？还有，你凭什么资格在美国农场晒太阳呢？"

女儿又说："那我就去美国农场当农场主，那不就有资格晒太阳了吗？"

哇！她的这个念头，又让我大吃一惊，多亏了我受到的训练，让我能够保持足够的镇定。我马上就跟她进行了一场梦一样的对话："你到美国农场去当农场主，那你怎么去呢？什么时候去呢？人家怎么会把农场让给你做农场主呢？"

她想了想说："我学好英语，就可以自己到美国了，我又不会很早去

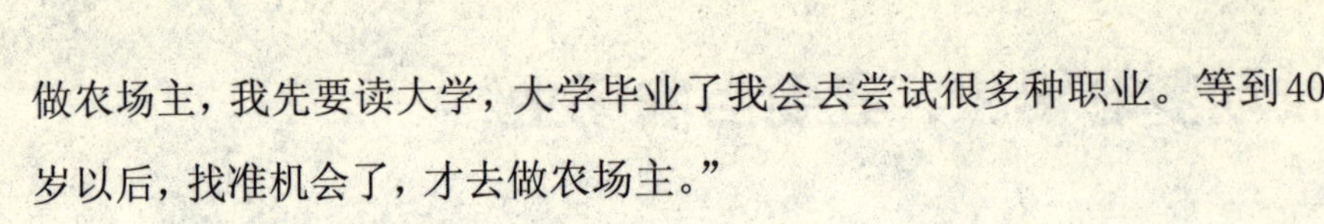

做农场主，我先要读大学，大学毕业了我会去尝试很多种职业。等到40岁以后，找准机会了，才去做农场主。”

我没想到，她会有这么细致的一些安排，于是就给她支持和鼓励地说道：“太好了！等你做了农场主，也要给我和爸爸留一个地方，留一个房间，帮你侍弄那些小动物和植物。做农场主可不是一件容易事，英语要学得好，还要学动植物的知识，还要学如何管理人。你要学的东西可太多啦。”

女儿说：“那有什么？我现在都读了很多书，到时候自然会有办法的。”

她对自己的梦想倒是信心满满，从此我也接受了她的这个梦想。这梦想也成了我督促她自我管理的一个重要话题。我提醒她好好学英语。每当她成绩好的时候，我就大大地肯定说：“恭喜你！离你美国农场主的梦想越来越近了。”

我推动她把她内心的那个画面画出来，这很中她的意。她很快就拿来了画笔和纸，一会儿纸上就出现了一片金色麦田，一个戴草帽、晒太阳的人。她说，那是她自己。我帮她把这幅画贴到客厅里，只要有客人来，我就跟他们介绍这幅画的来历，介绍女儿的梦想。

说也凑巧，女儿四年级时，她的学校请我去给四年级的孩子们，做一个关于理想教育的讲座。我就跟孩子们分享了把种子种在心里的故事。讲座结束时，我说有一个小女孩儿，理想的种子是到美国农场晒太阳。同时我介绍，这个故事里的小女孩儿就是他们的同学冉鑫安。这故事一说完，很多孩子都欢呼雀跃。那之后，有很多同学主动跟她拉关系，向她表白，假如有一天她开了农场，他们会去她的农场养兔子，或者割草。不知不觉间，这个梦想变成了她班上孩子们共同的梦想。

小学毕业时，很多同学在她的留言册上写道：“将来做了农场主，别忘了通知我哦，我帮你来喂羊、照顾兔子。”不知不觉间，女儿好像已活在那个农场主的梦想里。

上初中后，有很多同学慢慢知道了她的这个故事，也有很多同学跟她预订未来在她的农场里占据一席之地。而我更是随时随地看到她的所有变化，不断提醒她，哪些是农场主需要具备的素质。慢慢地，这也成了亲戚朋友们开玩笑时常提到的话题。

先生有一年回内蒙古去考察草场，他还兴奋地给女儿打来电话，告诉她，呼伦贝尔草原可以成为她第一块农场。不知不觉间，所有大人都跟她一起活在她的梦想里，而这个梦想，也跟女儿的现实生活越来越紧密地联系起来。

有效沟通必不可少

在有效沟通中，父母掌握了孩子的动态，孩子也了解到父母的想法，亲子关系便也紧密了。

女儿从初一开始就住校了，每星期只周末回来两天。然而，就这么有限的两天，我也不能保证陪她，因为周末我很忙，经常有外地的课程要上。所以与女儿沟通的时间就越来越难得、越来越宝贵。

曾经我给学校建议，一定要保证孩子每个星期都跟家长有沟通和交流的机会。我曾经在民办学校工作过，因此我知道，孩子，尤其年龄很小的孩子，是非常渴望在家庭生活中与父母沟通的。这个年龄的孩子很多都在家里受着父母无微不至的照顾，享受着家庭的欢乐，而住校的大部分时间都跟同学老师在一起，这让他们对父母爱的需求非常强烈。可是工作让我真的很难保证每个星期都见到女儿。

所以，从孩子住校开始，我就决定充分利用电话来和孩子沟通，我保证每天晚上都跟女儿通个电话。在电话里，我不是问她学得怎么样，而是从“今天感觉怎么样”开始，请她告诉我发生了怎样一些事情，也跟她分享我一天的生活和工作中的收获和感受。初中时，女儿觉得自己像被封闭在这个城市的一个角落，与外界隔绝，很不适应。于是，我就在电话里每天向她通报外界发生的事情、国内国际的大事、好玩的事。

后来，学校每天组织他们看新闻，也让他们有机会看苏州当地的报纸，她的那份隔绝感才慢慢缓解了。

电话成了我们每天互相倾诉的桥梁。她会向我诉说今天的心情是郁闷，还是畅快，或者是很自在、很得意。我总是听她诉说了感觉后，才去问她事情的细枝末节。有时候她很耐心地讲述，有时候没耐心，我都接受。而我呢，则跟她分享我出去参加学习的所见所闻，跟她分享课程中发生的震撼故事、我自己的收获和感受。通常，她饶有兴致地听完之后，还会故作成熟地来一句:“哦，你又成长了。”

有时候她会把在学校里的苦恼和快乐告诉我，包括动漫社很难维持，包括遇到一个让她不爽的老师，包括跟某个好朋友聊好玩的事。我就跟着她的情绪同喜同悲，感受着她一天情绪的变化。有时候我也会忍不住，给些说教、讲些道理，但常常会惹得她马上变了口气，淡淡地说:“哦。”这时我觉得自己太急了，太想给她解决问题了，忽略了她只想倾诉，只想找一个表达的出口，只想让我做她的听众、分享她的感受。我也会很识趣地马上住嘴，加上一句:“相信你可以自己解决的。”

就这样，在五年中，不管我在哪里，每晚过了9点40分，我都会给她打个电话，然后道个“晚安”，这已经成了我和她的一个习惯。我发现，当她真有需要的时候，她会告诉我，诉说她的苦恼，也有耐心听我给她做一些分析和解释；有时她只听到我某一句话，就会马上说：“知道了，知道了。”那时候我就知道不需要多说；有时候我说了一大篇，她会告诉我其中一句话对她有帮助，并告诉我，她已经突破自己了。

当我和她在家里碰面时，散步和逛街就是我和她更直接的沟通方式。在家里，每个人各忙各的事情，待在不同的房间里，难得会聊些什么。从女儿小学六年级暑假开始，我们就养成了散步的习惯，只要一出家门，两人并排走在一起，她就会主动打开话匣子，讲学校里的奇闻逸闻，讲她最近读书的思考或苦恼。这样的沟通非常开放，也很自在。

往往是她先说，我听着做简单的附和，然后慢慢地，她激发了我的灵感，我跟她分享我的一些事情，她听。然后，情形就变成我们两个人抢着说……这个过程让我们对彼此有了更多的了解：我能及时了解到女儿最近的动态，对她越来越信任；而女儿也在我并不高明的很多话语里读到我的肯定，从我偶尔一两句迸发智慧火花的话语中，得到启发。她总是很满足。

所以，我们喜欢出去散步，喜欢走20分钟的路去剪头发，也喜欢走着去大超市，虽然有很长的距离，但在我们的沟通中，这段路不知不觉就显得很短了。我们都很享受这样相处的黄金时间。

这短暂而宝贵的沟通，让我们了解了彼此，互相融合，让我们彼此有很多的认同和支持。

在女儿面前，我不是权威，也不是专家，是完全真实的呈现，一个完全真实的，出现在孩子面前的妈妈。我会跟她讲我的苦恼、悲伤，我的成长、改变。所以，女儿也一直评价我们说，爸爸妈妈是两个很奇怪的人。她说的“奇怪”，指的是我们不像其他爸爸妈妈那样，小心翼翼地照顾她的吃喝，对她的成绩分外关注，把自己的喜怒哀乐跟她的成绩连在一起。我们更多的是关注她的情绪变化，更多的是分享我们的成长过程。

我们更像朋友。我甚至越来越感觉到，当她长得比我高大时，她会走在我的前面，带领着我去更多地了解这个世界，去了解这个变化多端、信息纷呈的时代。所以，我有时候会开她玩笑，叫她“姐姐”，有时也会在她面前要赖，更多地表达我的感动、我的肯定。我不断在她身上看到我所不具备的那份聪颖、那份智慧、那份淡定、那份很强的表现画面形象的能力。每当此时，我总是即刻表达我的赞赏，并感叹自愧不如。

这就是我们常常进行的高效沟通。虽然女儿回到家，常常只有她一个人，她常常要一个人挤公交车来去；她的家长会也常常是我请朋友代为参加，但她总不会感到孤单。多少次我们远在千里之外，她得独自面对一切。对此我是有很多内疚的，我常常向她抱歉，而她却总是很开心地对我说：“你们不在家我多自由啊，同学都羡慕我，我很好。”

也因此，我非常珍惜和女儿在一起的每一天，只要有空闲，我都会抽出一天对她说：“今天我的任务就是陪你，只是陪你，去你想去的地方，做你想做的事。”这一天我会放下所有其他的牵挂，全心全意地陪在女儿身边。我们虽然聚少离多，可是内心却对彼此有很多肯定和信任，我们内心联结得很紧密，情感上的互相支持也会非常非常多。

有人曾经做过测试，中国的父母每天跟孩子在一起，有效的沟通时间不超过6分钟，这个发现让很多人非常震惊，也激发很多人自我反思。那就是：我跟孩子在一起到底是用心沟通、用心陪伴，还是只是形式上的陪伴？我跟孩子在一起是成功而快乐地享受亲子互动的过程，还是把自己的紧张焦虑传染给了孩子？很多父母很忙，顾不上陪伴孩子，只能拿钱作为对孩子的补偿；也有很多父母，虽有大量时间陪伴孩子，可他们自己处在不自觉的焦虑和压力中，陪伴孩子的时间越长，对孩子的干扰和控制越大。有效而高质量的沟通和陪伴是亲子共同需要的。

这也是我自己走过的一段艰难的探索之路。最初我出去学习，总要占用双休日时间——这本该是我和孩子在一起的时间，所以人在外面，心里却对孩子抱有歉意，内心非常纠结。曾经因这份纠结而去跟老师讨教，老师反问我："假如你不出来学习，你会有不同的方法跟孩子建立不同的关系吗？假如你占用一些时间出来学习，学到了新方法，自己有了成长，回家后可以用不同方法面对孩子，使亲子沟通更有效，你会不会觉得离开孩子的这些天，反而给你们的生活带来新的可能性呢？"

就这样，我带着内疚学习，也因此有了越来越多的成长，这些成长又转化为我跟孩子相处的新思想、新方法和有效的技巧。孩子和我享受着亲子相伴的快乐，我真的明白了什么叫有效沟通，也真真切切地享受着和女儿的每一次沟通。

所以，每当那些忙忙碌碌的成功人士向我讨教："这么忙，你怎么还有时间陪孩子呢？"

我都会跟他们分享我的经验："父母陪伴孩子，不在于时间长短，而在于质量高下。一分钟的快乐陪伴远比一天痛苦地相互折磨更有效。"

女儿现已远行，我们只能通过网络和电话跟她沟通。尽管相隔千山万水，但我们的心还在一起，我们还是能享受亲子共同成长的快乐。

有助考试的心理辅导

守在恰当的位置上，给予孩子必要的支持，是父母帮助、促进孩子独立成长的有效方法。

在女儿成长过程中，我始终守在自己恰当的位置，就是陪伴在她身边，观察她的情绪变化，做她的倾听者，在她有需要的时候帮她渡过难关。更多的时候，我让她自己往前走，我只是跟在后面。

真正为女儿做辅导的一次，是她在参加UWC面试之前的那个晚上，她跟我聊天，说："有点心慌，有点紧张。"

我问她："不想要心慌和紧张，想要什么？"

她说："想自如地表达自己真实的水平。"

我脑子中跳出来"理解层次贯通法"这个技巧。我小心翼翼地问她："假如我有个方法能帮你考试时自由真实地发挥水平，你愿意试试吗？"

她说："那就试试吧。"

我大喜过望，马上准备了六张纸写上理解层次的六个名称，摆在地上，让她每张纸上站一下，给她一些引导，帮她看到自如表现自己真实水平的资源，她仍然是那副心不在焉的样子，中间有好几次跳出来，说一些"不相干"的问题。

比方说："妈妈，我觉得主考官都是女的。""妈妈，假如面试时，我回答问题太多，算不算自私？"她还说，蔡校长很希望他们的花房变得更专业，说请了学校校工来帮忙。

我心里不满她的跳进跳出，但还是给了她及时的反馈。

比方我告诉他，我对于"是否自私"的看法是，机会公平展示给大家，对每个人都是平等的。谁能抓住这个机会，那是由每个人自己决定的。既然大家平等，就没有谁有资格让机会给别人。你为什么要把机会让给别人呢？是说你比别人高吗？还是你觉得别人更差？轻易地“让”，实际是表明其内在有一颗骄傲的心，是对别人的不尊重。还有，你怎么知道这个机会让给别人更有效呢？你怎么知道这个机会更适合别人呢？所以，不需要去把自己放在别人的对立面，或者比别人高或者低的位置，只需要平等地去尊重每个人，就够了。至于谁多说几句、少说几句，并不能证明谁比谁强或弱。每个人要做的事情是照顾好自己，命运也会垂青那些有准备的人。

对于“主考官都是女的”的说法，我没放在心上，只是认同她说，有不同的主考官，肯定会有女的。

这样，六张纸走下来，两三个来回，女儿已经放松了很多，重新去看自己的目标，她说很轻松。她只想自然真实地表达自己就够了。这是我为她做的唯一一次辅导。

第二天一早，女儿轻松去面试。10点多，女儿发来短信，说正如她所料，主考官都是女的。11点多告诉我，她已经从考场里出来，完成了自我介绍。我问她，过程怎样？她说:“把主考官都逗笑了。开始有一个主考官不笑，我就心里想，一定要让她笑。我知道他们老外的笑点，所以我把那个老师也逗笑了！”她轻松地说着，我知道她真的自然真实地表达了自己！提着的心终于放下了。

关于生命的深层对话

孩子要学着独立去寻找自己的人生使命、自己的价值，从而为这个世界创造更多的价值。

女儿参加UWC面试的前两天，放假回来了，我不知道可以为她做些什么。刚开学时，她曾要求我对她进行思维训练，那是我为她专门设计的：拟定一个题目，用手机短信发给她。她需要在三分钟内快速组织自己的思路，表达自己的观点和看法，一般用"三三法"来列出提纲。诸如，你对成功的看法是什么，假如你是美国总统你会怎样做，你对西藏问题有什么看法，等等。这些都是以往面试的题目，此外我又增加了一些，比方，你怎么看中国的独生子女？你对中国教育制度、考试制度的看法是怎样的？你如何对待挫折？你如何看待中国传统文化中的孝顺等一些人文话题？

最开始女儿不屑于回答。后来，她一边忙着会考，一边用洗澡的时间思考我的问题。然后，把她的观点用短信发给我，我读了之后，或者肯定，或者给她补充。一段时间里，我们两个热衷于这个活动。但通过短信来往，毕竟有很多局限。待她考前回家，我们两个就利用走路去剪发的时机，开始了直接的对话和训练。

我要求她做快速思维反应训练。我随手指一样东西，她就要用"三三法"快速整理思维，快速表达出来。从一块砖头，到剖析日本地震后很多人的心态，到中国考试制度的优劣等话题，一路走一路分享。常常是讲着讲着，我们两个相视大笑。她发现，越讲她越明白，是她自己把自己给讲明白了！我也有很多很多灵感和触动，就她的观点给予很多补充，女儿常常也会马上叫好。我们就像两个痴狂的人，一路走一路说，一路说一路笑，都很激动、很兴奋。这个过程中，我们两个人的大脑都像全速开动的机器，灵感不断地互相碰撞，绽放出很多火花。两人在心灵互相碰撞、完全愉悦状态下的思维互补和创造给我们彼此很多启发，使得我们能够更透彻地分析问题。这是一个非常美妙的互相影响的过程。女儿有很多观点，都让我有拍案叫绝的冲动。

例如对中国独生子女的看法，她认为多子女或者独生子女都不能证明孩子被宠，或者被忽略，关键是父母教育孩子的能力，决定了孩子被教育的质量。她说独生子女并不一定得到的关注就多，因为很多父母，并不会爱孩子，也不会给孩子有效的帮助，所以独生子女得到的爱，不一定比非独生子女更多。多子女的父母，假如懂得给孩子充分的关注和爱，他们的孩子可以得到比独生子女更多的爱和关注。独生子女不一定比非独生子女更孤独。多子女家庭假如没有融洽的手足之情，没有融洽的家庭关系，虽然人多，但心灵上不一定不孤独。所以，女儿认为，独生子女问题并不是只有一个孩子的问题，真正要呼吁的是，父母要提升教养孩子的能力和水平，父母要学会给孩子有效的爱和帮助。独生子女也可以既独立，又能享有很多爱。非独生子女得不到充分的爱，他们同样会依赖，同样会有很多的不满足。女儿的这些观点跟我最近对亲子教育的思考不谋而合。我狠狠地拍了拍她的肩膀，夸她“给力”!

关于中国的教育制度和考试制度，女儿也有自己的观点和看法。她说，她从小就不会考试，只会读书，那时候她对于分数和考试是没有自信的。直到她考上初中，进入这所好中学，她的自信又一点点建立起来：原来重点中学不是那么难考的。中考结束，虽然她没有去读她向往的苏州中学，但当她享受到园区校独特的教育资源时，她的自信心又增加了很多。在会考准备和模拟考试到实战考试的过程中，她突然就爱上了中国的考试制度。她发现，中国的考试制度是在逼你去寻找适合自己的学习方法。考试制度没有错，你是否在其中寻找到适合自己的学习方法，

才是考试带给每个学生真正的收获。

她两次模拟考试，从两B两C上升为两A两B；她慢慢开始感受到学物理的乐趣，她开始确定数学成绩越来越好，这其中她付出的是自己的时间和精力，收获的是对自我的肯定和信心。当她的成绩越来越靠前，成为班级第一名时，她看似平淡的外表下，有着充分的骄傲和自豪。

所以，当她全力以赴学习、准备会考时，她感受到了自我超越的快乐。她感受到找到自己适合的学习方法的乐趣。而她因此也开始对中国考试制度有了更客观公正的评价和看法。

通过一路上这样的我问她答，我突然发现，女儿内心还有那么丰富的世界，那是我不曾触及的；女儿内心有那么成熟的思考，那也是我没有预料到的。我为她所有的观点而感动，也为她有如此成熟的看法而感动。

我们谈到日本“三一一”地震之后，中国人的复杂心态，很多人都感到很解恨（日本人终于有报应了）。这表现出中日两个民族仍存在很深的仇恨。有的人在解恨之后会冷静下来，对日本发生的灾难、对那么多鲜活生命的消亡而感到惋惜和伤感。这是超越了两个民族之间的仇恨和局限之上的更大的一种爱，是生命对于生命的一份联系和爱。冤冤相报只会带来无休止的种族战争；“阶级仇，民族恨”将带来不断升级的战争与仇杀；生命的平等和逝去的生命，带给活着的生命的启发与警醒；伊拉克的“人肉炸弹”和曾经不断制造恐怖的本·拉登；超级大国——美国……

我们的话题越扯越远，纵横古今。我们彼此都从这些对话中获得很多触动和启发。关于世界联合书院对于女儿的意义和价值，我们有着共同的看法：世界联合书院让她站在一个更宽广的世界舞台上，跟不同种族、民族的人融合，向他们学习。虽然只有短短两年的时间，但这两年的学习会培养女儿对生命的理解和爱。之后，女儿要学习独立寻找自己的人生使命，寻找自己的价值，为这个世界创造更多的价值。

放松地散步和交谈是我们两代人之间进行深层沟通的一种方式，在这种沟通过程中，我们的思想汇集在一起，并碰撞出生命和智慧的火花。我们的谈话已经进入很高、很高的层次和境界，也许会有很多人认为我们的谈话是梦话和呓语。我知道，在女儿面试之前，这种谈话对女儿而言，是很重要的一个反思成长的过程，一个寻找自己定位的过程，这是她的需要，同时也是我不断反思和成长的需要。我们明白，不管考官是否会出这些题目，这个过程是美妙的、难忘的。这个过程的记忆和理念的传达，对孩子会有很深远的影响。女儿已站在与地球、宇宙的关系的角度去看自己、看世界，我已经引导她进入了一个更大的空间，用我仅有的能力。

第三章

你相信什么，孩子就能成为什么

快乐的秘密并不是拥有更多，而是渴求更少。

The secret of happiness is not having more, but wanting less.

冉鑫安/译/绘

仓鼠事件：成长中的危机公关

不要害怕孩子会碰到危机，因为危机是促使孩子成长的最好时机。

因为女儿说假期要准备会考，不跟我们出去玩，所以我和先生就把放松时间提前到了16日。我和先生来到三亚，正准备开始放松地休假呢，下午我就接到了女儿的电话。

她急切地告诉我学校发生的事情：环保社的仓鼠咬了初一的一个男生，家长来学校闹，学生处主任把她叫了去，要求她向家长道歉，把这件事情处理好。她感觉很委屈：初一的环保社员看天气太冷，怕冻坏了仓鼠，就自己做主把仓鼠带回宿舍，这并不是她安排的，而且那个被咬的男生也是在逗弄仓鼠时被咬的，与她不相干。她想着自己平时做了很多很多事都没得到主任的肯定，这会儿一出事情，主任就不分青红皂白地训斥她，她觉得很委屈，觉得不公平。她去向生物老师询问仓鼠携带病毒情况，又找了相关当事人了解情况，然后她认为不能把所有责任全推到环保社身上，那个学生也需要教育。于是，她在给那位家长打电话时就表达了自己的这些想法。这更引起家长强烈的反应。

她很委屈、无助地在教室里哭了一大场，然后打电话给我。在电话中，她还是在哭，跟我表达她的委屈和愤怒。听到她在电话里的哭声，我一

下子蒙了。因此，在没有搞清原委的情况下，我就先认同她的委屈。我慢慢向她询问事情原委，直到我慢慢理清脉络，也感觉到这件事让她一个人去处理不太妥当，她还缺少面对这种冲突和挫折的经验，而且她还要面对学校领导、家长，还要去找同学，这对她挑战很大。我只能先稳住她的情绪，让她感觉到自己是被支持的，然后再引导她慢慢解决问题，帮她借这个机会有所成长。

我不停地说："我理解你的心情，妈妈支持你，愿意做你的顾问，帮你解决问题。"女儿慢慢平静了下来，在她的哭诉中，我听到她很多局限性的想法和不合理的看法，这些都是她需要突破的。

当我问她下一步的打算时，她说她会赔偿被咬学生打疫苗的650元钱。我说这钱可以我出，但事情解决要一步步来，不是出钱这么简单。我给她说了三条建议：一是召开全体社员会议，借这个机会教育大家，让大家得到教训，避免以后再发生同类事件。同时征求大家对问题处理的意见，把这个事件变成社团成长的重要契机，不可以让她这个团长一个人悄悄地出钱了事。二是向班主任老师或社团指导老师请求帮助，请他们给予更有效的建议和指导，因为这件事情的处理，超出她的能力了，要学会求助。三是我给她的老师打电话，请求帮助。

听我说完，女儿又哭出了声："我们都在准备期末考试啊，我没有精力再去召集所有社员开会了。再说找老师们帮忙，让主任知道会生气的，他让我一个人去解决啊，我不要你插手，我要一个人去解决……"我知道她钻牛角尖了，但我也只能尊重她的意见，同意让她自己去处理，同时鼓励她，相信她能做好。

放下电话，先生心疼女儿，情绪很激动，同时觉得我给的建议太虚，没给予实际性的做法指导。他觉得只有告诉女儿怎么做，才有帮助。他马上又打电话给女儿，提出他的意见，并要求女儿按他的方法做。我觉得他太难为孩子，我只在乎女儿的情绪，觉得她只要感觉被支持，只要情绪平静下来，一定有能力自己面对和处理的，即使处理不好，也会让她从中学习到经验。我们两个各执己见，弄得很不愉快。这个过程肯定又增加了女儿的压力。事情究竟怎么处理，我们只好等她的电话说明了。

第二天女儿打来电话，跟我们说了她的处理过程。她让当事学生写了事情经过，她自己也写了说明，同时召集将要上任的两个社长一起讨论解决方案。大家都认为要用证据去跟家长谈，维护社团成员的利益，也让那个学生认识到错误，家长也要承担责任，所以医疗费不能全部由她出，要与家长商讨赔偿方案。她把写好的材料拿给领导去看，可他们没看完，就说她不懂事，不会处理问题，惹恼了家长，给学校增加了麻烦……她越说越气，不知不觉中，完全站在老师的对立面考虑问题了。

我提醒她：你要摆好自己的位置，你们只是学校里的学生，是与老师、领导共同面对家长的，不是跟老师对立的。即使老师的说法让你无法接受，你也不能带着这种心态去对抗地想问题和处理事情。她听了有所触动，但还是耍赖地哭了一会儿。我知道这也是她缓解压力的途径，这个时候，如果我不允许她哭的话，她还能到哪里去放松呢？所以我只做她释放压力的港湾，让她在释放压力之后想到更好的解决问题的方法。当然我还是很担心，而且我也有自己的看法和评判。女儿在社团中所做的一切，虽然不是为了得到肯定，但确实做了很多很多工作，连我们家长，都做了很多服务。可现在她却要独自承担这些压力，我内心也会觉得不平衡。但我不想说，因为事情既已出现，一定有它的意义和理由，我铁定了心陪着女儿去面对和成长，导引她找到有效的方法和机会去解决问题。我很心疼她，在期末考试的关键时刻还要忙着处理这些事。不过我想这件事能够考验她，同时也能让她了解到：在做社团工作时，不仅会收获开心和掌声，还要承担想不到的风险和阻力。

第三天，女儿又来电话，说她不知怎么了，总是想哭，今天在学生处当着好几个老师面大哭了一场。她觉得自己是对的，为了维护社团的

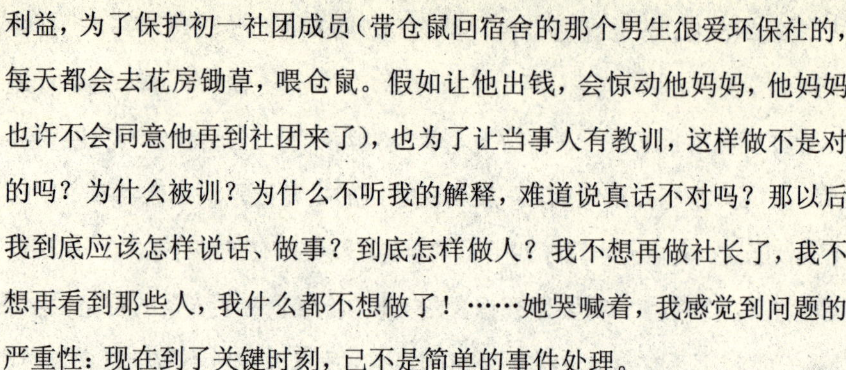

利益，为了保护初一社团成员（带仓鼠回宿舍的那个男生很爱环保社的，每天都会去花房锄草，喂仓鼠。假如让他出钱，会惊动他妈妈，他妈妈也许不会同意他再到社团来了），也为了让当事人有教训，这样做不是对的吗？为什么被训？为什么不听我的解释，难道说真话不对吗？那以后我到底应该怎样说话、做事？到底怎样做人？我不想再做社长了，我不想再看到那些人，我什么都不想做了！……她哭喊着，我感觉到问题的严重性：现在到了关键时刻，已不是简单的事件处理。

压力的累积，已经动摇她生活的信念和做人的看法，在真诚和虚伪之间、在坚持权利和承担责任之间、在坚持和变通之间，应该怎样把握，她产生了困惑。假如这时候有人能指点她，帮她一把，她就会解开这个困惑；假如让她就此消沉下去，她就不会再有热情参加活动，也不再敢主动承担责任，不敢去探索未知，这个生命中的创伤，也许会把她带到另外一个方向！

于是，我又一次向她建议去向其他老师求助，包括一直关心他们的蔡校长、陆敏老师等。她又开始犹豫："要是我的理解跟主任的看法有偏差怎么办呢？要是我说的只是我理解的，不是事实怎么办呢？那不是我的问题吗？"她这句话让我暗自欣喜：她已经有了反思，明白自己看问题的角度和心态有主观性。我马上趁势说："假如有这种可能，你更需要去与第三者讨论一下，看你的观点和看法有没有偏颇，看主任的想法和做法有没有合理性。"

她沉默了，我又跟她分析我和她爸爸对处理她这件事的不同观点和看法，跟她说："你看，即使是最爱你的人，对同一事件都会有完全不同的看法和做法，其效果也各有利弊，你能说老师的言行完全没有合理性吗？多听听不同人的看法，也许你不会这么简单地否定自己了。"

那几天苏州下大雪了，女儿说她考完试就去堆雪人了，前两天因为在教室哭，没心情跟大家去打雪仗，很懊悔。

第四天晚上，我们返回前，学校也因雪大提前放假。考试中止了，孩子们上午就可以回家。我请朋友去接她，朋友提醒我说孩子看起来很疲惫，因为学校社团发生的事情，她很难过。

等我们千难万险地于第二天凌晨从虹桥机场赶回家时，女儿一个人在家睡着了。早晨醒来，她问我："妈妈，你是否跟哪个老师说了那件事？为什么昨天所有的老师都来找我，校长助理姜老师、陆老师、管社团的邓老师、蔡校长，他们轮流地来找我，跟我谈，终于有人可以静下心来跟我谈了，我就哭了一场又一场，一切都不同了！""就是嘛，我一直建议你去向不同的人求助，可你坚持不动，自己钻到死胡同里待了好几天。跟他们谈过之后，你有什么看法？在这个事情中你学到了什么？"

她表示已经知道了，但不想再谈这事，太痛苦了。但我不放过她，一定要让她说出来，她就掰着手指，如数家珍地说出来："姜老师让我明白了灵活与坚持的重要性，甚至变通的意义，让我明白老师们也会遇到很多困扰，这都是正常的；邓老师说不要因为出现一次问题就让自己消沉下去，做社团是做公益，不能因为做公益就一定要外界只给自己赞扬，要面对可能出现的误会和委屈，这也是要承担的责任，做公益是没有特权的；王老师让我明白，问题不要想得太复杂，需要跟家长道歉就真诚道歉好了，承担自己该承担的，其他的事不要管；陆老师嘛，当然还是像最温柔的好妈妈一样，心疼我、安慰我，让我知道实际上有很多人都爱我……"

当女儿说出这些时，我彻底放下心了，不过还是补了一句："还有一条，就是要学会向别人求助，向不同的人求助！"她欣然接受。看着她，我能感觉到她多日来的疲惫，而同时也感觉她又长大了很多。我想，这么多天的挣扎，在她未来的人生中，将有着非常重要的意义和价值！真的要感谢学校的老师们，帮她面对了人成长中的又一个"坎"，让她学到了很多，也让她得到了很多很多的爱。

雪停了，天也晴了，寒假开始了！

零花钱与做家务

享用父母给的零花钱，是孩子的权利，而非父母的恩赐；帮助父母分担家务，是孩子的义务，而非父母的压迫，这个道理父母和孩子都应该懂。

我小时候是没有零花钱的。那时候家里很困难，吃冰棍儿、买零食都是极稀罕而特殊的奖赏。偶尔嘴馋时，会悄悄地偷拿爸爸、妈妈的钱去买颗糖，或买根冰棍儿。不知不觉中，父母的信念“小孩子不可以乱花钱”深深地种在了我的心里。

女儿出生后，这信念也在不知不觉中支配着我。我很少让她吃各种各样的时尚零食，一是考虑到其中有添加剂不健康，二是怕这样吃会养成坏习惯。

即使给她买零食，也是我自己去超市买了，然后藏在家里不容易发现的地方。当她表现好的时候，就给她一些零食做奖励。关于零食，她是没有决定权和选择权的，当然我也没想过要给她零花钱。直到她三四年级的时候，我经常发现口袋里的零钱莫名其妙地失踪，我才开始注意她的行踪。

有一天，我听到卧室有硬币掉在地板上的声响，当我走进去的时候，只看到孩子在房间里，却没有看到硬币，而先生的衣服就挂在房间里。我警觉了，她是在拿她爸爸口袋里的零钱。我觉得这是一个很严重的问题，在没有惊动先生的情况下，我把女儿叫到她的房间里，关上门，一脸严肃地要跟她谈谈这件事。

我问她：“你拿了爸爸的零钱是吧？”

她一脸无辜，很坚决地说：“没有。”

我心里想："拿了钱还撒谎，两罪并犯，这问题更大了！"

而同时，我脑中又出现另一个念头：她为什么会偷偷地拿钱，而不直接跟我们要呢？我的思绪好像一下跳回到自己小时候，想起每次鼓起勇气跟爸妈要钱的那份艰难、那份尴尬，我好像明白了她的想法。

不知不觉间我改变了跟她沟通的模式，我握着她的手，对她说："其实我知道你不是不想要零花钱，你只是张不开口跟我们要，是吗？"

她看着我的眼睛，眼里开始流出泪水，她点了点头。

我又问她："那你能穿妈妈买的衣服、能吃爸爸做的饭，为什么不能跟爸妈要零花钱，而要自己拿呢？我知道每次拿钱的时候，你都是非常紧张非常害怕的，那为什么宁愿这么紧张害怕，都不主动向我们要呢？"

女儿想了想，然后小声地说："跟你们要钱很尴尬。"

她这个"尴尬"一出来，让我一下就懂得了她。是的，当年我跟爸妈要钱也是这种感觉，很不自在，知道爸妈赚钱辛苦，要零花钱有负罪感。我们现在的条件比我小时候好了很多，女儿竟然也会有这种想法，我心里很震惊。

"那为什么你吃我们的饭、穿我们的衣、看我们的书不尴尬呢？"我进一步追问。

她说："那些是应该的，零花钱是不应该的。"

这个念头跟我小时候的想法竟也惊人地相似。

"你拿了零花钱都买了什么？"

"买学校门口摊上的酸辣丝，5毛钱一包；买小摊上的干脆面，一块钱一包。"

"那些东西没有营养的，而且也不卫生，干吗要吃那些东西？"

"小朋友都吃，我也馋。"

我懂了，懂了一个孩子的需要和渴望。我决定从现在开始要满足孩子的这个需要，要让她懂得支配零用钱。

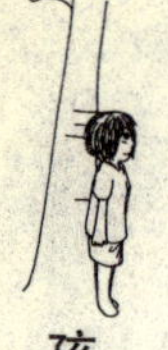

我告诉她："过去我不知道你会有这些需要，所以我没有给过你零花钱，现在我知道你也想有自己可支配的零用钱，说明你长大了。从现在开始，我会给你零花钱了，好不好？"

她的反应并不如我想象的那么欣喜。

我继续说："这样吧，现在我们商量一下怎样给你零花钱，标准是什么，多长时间给一次。"

她想了想："三天给一次吧，三天一块。"

"好。可是我记不住的时候你向我要，好不好？"

她摇摇头："不好。"

"为什么？"

她又用了那个词："我很尴尬。"

我心里明白，她生活中没有主动要零花钱的经验和示范，所以我要给她示范一下。

我说："你不跟我要，我会忘记的。所以只有你要了，我才能想起来。现在我们两个交换角色，你做妈妈，我做孩子，我让你给我零花钱，好不好？"

她开始有一点放松。

我把几个硬币放在她手心里，然后扮成小孩子向她伸出手来："妈妈，我长大了，我要零花钱。"

她看看我，没理我。

我就继续假装撒娇一样地央求："妈妈，我长大了，我要零花钱嘛！其他小朋友都有，我也要。"我就扯她的衣角，朝她要，向她央求。

她一脸威严地拿出一枚硬币，放在我手心里，对我说："喏，给你，挣钱不容易，花钱要仔细，小孩子不能乱花钱的。"

我一边口里答应着"好好好"，一边又开始："妈妈，又是三天了，又该发零花钱了。"

又是要了两次，她才拿出一块钱来，嘴巴还是念叨那几句“挣钱不容易，花钱要仔细……”

这些就是她以往跟我们要钱时，我们常随口说的话。这些话已成为她要零花钱感到内疚、尴尬的压力源。就这样，经过我的几次示范，她从中学到了：她是有资格向妈妈要零花钱的，也让她知道这是一件很自然的事情，她可以不用感到“尴尬”。

然后，我要求换回角色。现在她是孩子，我是妈妈，她要跟我要零花钱，模仿我刚刚的样子。

她万般扭捏，声音小小地凑到我身边，用刚刚可以听到的声音对我说：“妈妈，零花钱。”

我马上拿出一元钱放在她手心里，说：“好好好，女儿长大了，可以用零花钱了，妈妈很高兴，这钱给你花吧。”

女儿拿到了钱，仍然不是很自在，不过她已经开始走出第一步了。

我问她：“要不然我就把一个月的零花钱都给你，你先存着用吧？”

她说：“不行，那样我会一口气都花完的，还是三天给一块吧。”

就这样，在女儿的台历板上，出现了很多红色的记号，她认真地把每三天发钱的日子用圆圈画出来。那是对她自己的提醒，也是对我的提醒，可我坚持“必须她亲口跟我要，我才给她”的初衷。我想用这样的方式慢慢地教会她，放松而自然地去跟爸妈要零花钱，我想让她明白她是有资格享受零花钱的。

虽然每次女儿都很扭捏，很不自在，可是慢慢地，她越来越放松下来，开始享受跟我要零花钱的过程。

这样过了一段时间，我发现一块钱根本不好做什么，就想提高她的零花钱标准，可又觉得随意提高零花钱的标准可能对她品质的培养不利，于是我就想出个办法来，跟她商量：“你愿不愿意帮我做家务？一个小时可以赚10块钱，这10块钱可以做你的零花钱。”

她的反应很亢奋："好啊，好啊，太好了！这样我一个小时可以赚10块，我一天做5个小时就可以赚50块。"

我一听这话又慌了，对她说："不行，你一个星期只能做一次家务，赚10块。"

她想想还是同意了，这样她就开始承担起了清扫房间桌面灰尘的任务。星期日我搞卫生的时候，她也拿抹布清扫和擦洗各个房间的台面，做够一个小时，我就会马上发给她10块钱，这10块钱怎么支配完全是她自己的事情。她的兴致很高，主动积极地找事情来做。

可是，过了一段时间我发现，当她的零花钱积累了一些后，她就对做事情不太起劲了。当临时安排她做些事情时，比如倒垃圾、帮我拿一些东西，她会说："我零花钱够了。"或者说："拿一次多少钱？"我觉得情况又需要改变了。

于是，我又跟她谈："你是我们的孩子，我们养你，给你买书、买吃的和穿的都是我们的责任，给你适当的零花钱也是我们分内的事情。所以，我想，从现在开始，我每月按时给你零花钱。但你作为我们家的孩子、一个重要的家庭成员，也要帮我们承担一些家务，做一些你力所能及的事情，这也是你分内的事情，不管我们给不给钱，你都需要做。从今天开始，零花钱我会按时支付给你，也请你帮我们做家务，尽你家庭成员的责任。我们把这两件事情分开，零花钱不要你再用做家务的方式来换取，好不好？"她想了想，同意了。

从此，我们给她零花钱变成自然的事情，而她帮我们做家务，也变成自然的事。当然，随着她住校、长大，零花钱已经涨了好几倍，同时我们越来越放心，知道她可以很有效地管理她自己的零花钱，知道她会精打细算，她会把这些钱用在买书、学习用品、吃的东西上，这些都让我们看到她理财的能力。

有人说："关于金钱的教育，也是一种非常重要的教育。"在零花钱给付的过程中，我看到了自己的很多局限性的信念和做法，也欣喜地看到自己不断适应孩子成长需要所做的调整。我摆脱了自己当年要零花钱的那份紧张负罪的心理，也有效地帮助女儿突破了尴尬索取零花钱的状态。她既承担了家庭成员的责任，也很有资格地享受爸妈给她的零花钱。

这个过程让我感受到：随着孩子的成长，没有哪种方法是永远有效的。我们要做的是观察孩子的状态，发现他的需要，寻找适合他的方法和技巧，去帮他有新的所学和突破。

后来女儿做环保社长时，对环保社基金的有效运用和管理，也让我欣喜。她会把自己的钱和公用的钱区分开，我知道这是很难得的一种状态。

生活比电脑和网络更有趣

电脑和网络很有趣，但真实的生活比电脑和网络更有趣，父母的责任就是帮孩子发现这一点。

女儿大概从一二年级的时候，开始痴迷电脑上的一些小游戏，连连看、串珠子，等等。她和同学坐在一起也会互相交流那些玩游戏的技法。

我发现，她只要一有空闲就坐在电脑前上网玩游戏，而她以往喜欢做的运动、喜欢看的书都顾不上了。我开始着急了。当时我在一所民办学校做心理老师，每当我走进电脑特色班的时候，内心非常沉重。本来宽敞明亮的教室，孩子们为了看清电脑屏幕，窗户都拉上了厚厚的绿色窗帘。

不见孩子阳光笑脸的教室，只看到36个学生，围在36台电脑前，拼命“冲浪”。他们全神贯注地盯着电脑屏幕，看不到其他人，听不见其他事，只有眼前的屏幕，只有那个操作中的游戏。因为平时上课不允许打游戏，所以他们每天每节课都在忍受着煎熬，都在盼着老师下课，让他们可以享受10分钟打游戏的时间，而这10分钟本来是孩子们游戏打闹、上厕所、散步的时间。

看着孩子们如此痴迷地流连在电脑世界里，我心里很难受。我常想，假如孩子的父母看到孩子放弃了阳光，放弃了玩耍，放弃了读书，只面对虚幻的世界，会有怎样的感受呢？我也是孩子的妈妈，我不会让我的孩子过这样的生活！

每次给电脑特色班的孩子上课，我都要费好大的力气，把他们从虚幻的世界中拉出来，可以看到彼此，可以打开窗帘看到阳光，可以学习在现实世界中生活。当看着我自己的孩子，也开始越来越沉醉在电脑中时，我的心揪在一起了。

我知道不可以再让她继续下去，我很认真地跟女儿说：“你玩完这局游戏，我要跟你谈一谈。”女儿感受到我的沉重，她走到我面前的时候，表情是做错事时的紧张和恐惧模样。

我拉她坐下，先给她描述我在学校的电脑特色班里常见的那幅景象和我内心的感受，然后对她说：“我是你的妈妈，我希望你活得阳光，希望你快乐，希望你有丰富的人生体验。我喜欢看到你跟小朋友一起玩，我也喜欢看到你读书的专注样子。可你慢慢把自己的这些乐趣都丢掉了，花越来越多的时间打电脑游戏，我很着急。是的，电脑中会有很多乐趣，可是我们生活的这个世界更丰富，除了电脑游戏的乐趣，还有很多其他的乐趣。你以前那么爱读书，我很开心，因为每次读书之后你都变得更有智慧、更聪明。你跟小朋友在一起打闹我也很开心，因为我看到你在阳光下奔跑会更健康。现在的你让我很担心，在你身上我看到我那些学生的影子。打游戏，不是你生活的全部。”

因为我说得严肃而认真，女儿听得也很认真，慢慢地开始流泪。

我帮她抹去眼泪，告诉她："妈妈不反对你打电脑游戏，但是从今天开始，我们要约定一个玩游戏的时间。每天，或是每个星期你可以在电脑上玩多长时间，我们两个一起来讨论一下。"

她想了想："每天半个小时吧。"

我说："那也好。那么半个小时后是你自己决定从上面下来，还是我提醒你，或者其他人提醒你才下来？"

她想了想："我自己在电脑上会忘时间，你们提醒我吧。"

我又问："假如我提醒了你，你不下来怎么办？我会忍不住发脾气，会忍不住训你，那样会伤害到我们之间的感情的。"

女儿狠了狠心说："我要是不下来你就关掉电脑。"

我又问："假如我关了电脑，你会不会发脾气？"

她说："既然我们约好的，我就不会发脾气。"

因为有了这段讨论和约定，接下来一段时间里，我充当了她的监督人。我知道电脑对一个孩子的诱惑有多大。而且，不要期望一个沉迷在游戏中的孩子可以记得时间，可以毅然决然地按规定时间离开电脑，爸爸妈妈要帮助孩子，帮助他们培养这份拒绝的能力。

所以，我做了报时的钟点工，帮她看着表，半个小时到了，就去提醒她。因为我们有约在先，一般她会马上离开电脑，去做其他事情。

有时她像没听见一样，我就开始执行第二个方案，一边走过去一边提醒她："我现在要关电脑喽？这是我们事先约好的。"我一边说一边帮她把电脑关掉，用这种强制的方法帮她离开电脑的诱惑。

就这样，一段时间坚持下来，她花在电脑上的时间越来越少了，她对阅读、做游戏、画画的兴趣又慢慢地恢复了。偶尔用一次电脑时间长一些，我们也会给她特许。她同时也发现班级有一些男孩子就像电脑天才，而她是女孩儿，不需要跟男孩儿一样，她也做不到跟男孩儿一样。

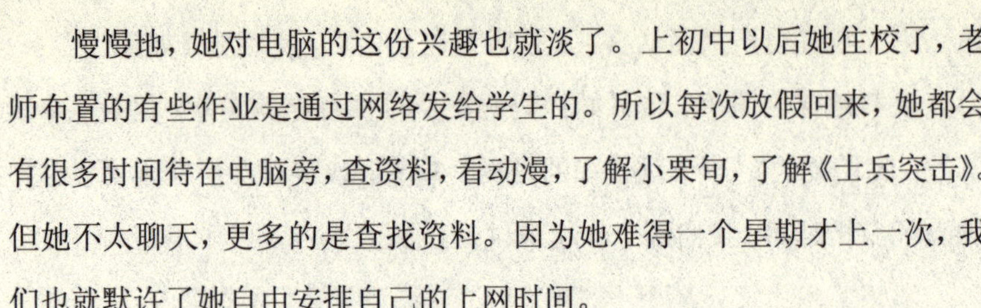

慢慢地，她对电脑的这份兴趣也就淡了。上初中以后她住校了，老师布置的有些作业是通过网络发给学生的。所以每次放假回来，她都会有很多时间待在电脑旁，查资料，看动漫，了解小栗旬，了解《士兵突击》。但她不太聊天，更多的是查找资料。因为她难得一个星期才上一次，我们也就默许了她自由安排自己的上网时间。

不知不觉间，电脑成了扩展她与世界联系的有效工具。通过电脑，她了解到很多很多人、事、物的信息，通过网络上一些曲曲折折的途径，她选择好看的电影、电视剧，她去看大家推荐的书、去听大家推荐的歌曲和音乐。她慢慢地通过网络来了解世界，建立跟外界的联系。

在这个过程中，她的视角越来越独特，她接触的人也越来越多。她开始循着大家的介绍，去看、去听、去想、去阅读；她也循着大家的介绍，去找适合她的而且她也比较感兴趣的资料。慢慢地，她开始喜欢上上个世纪欧美的爵士乐，经常会下很多音乐来听。她说数学题做不下去时，最有效的方法就是听爵士乐，这样在做数学题的时候会越做越有激情。她对爵士乐的了解，完全是从网络上获得的。当她和学校外教，那个50多岁的老师谈起爵士乐时，老师兴奋得不能自已，已经很久没人跟他谈这个话题了。兴奋之下，老师竟当众哼唱了一首曲子，那是遇到知音时喜悦的表现。

她也通过网络看美剧，看一部又一部的美剧。在这个过程中她被欧美文化熏陶着，感受欧美人的特点。当她在面试中面对UWC考官的时候，心里很明白考官老师的笑点在哪里，很明白下一句如何说，会让那个绷着脸的老师笑起来，她学英语的很多很多乐趣是来源于听欧美歌曲和看美剧。

不知不觉网络成了女儿非常好的老师，很多年轻人都好奇，她怎么会知道那么多奇奇怪怪的网站。有一次我去西安出差，她发短信告诉我，让我到西安市的书院门，靠近东门的倒数第三个摊位，向摊主小哥买两

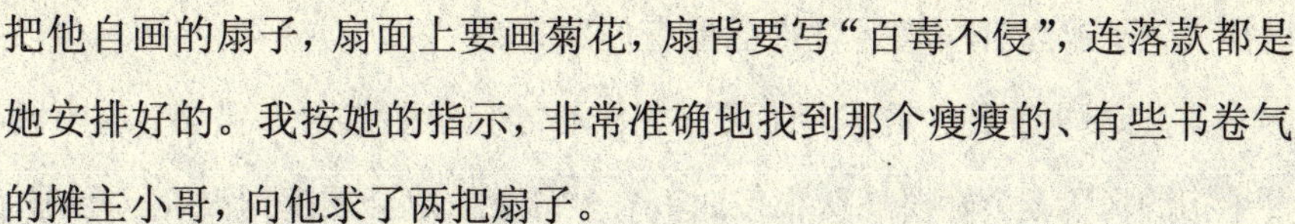

把他自画的扇子，扇面上要画菊花，扇背要写“百毒不侵”，连落款都是她安排好的。我按她的指示，非常准确地找到那个瘦瘦的、有些书卷气的摊主小哥，向他求了两把扇子。

我还好奇地问：“为什么我女儿知道你如此准确的信息？”

他说：“我也不太清楚，有一个什么群主曾经在我这买过扇子，并在自己的群里宣传了一下。然后，每天都有全国各地的年轻人到我这来要求画扇子。”

我知道，这又是女儿从网络上寻来的信息，而我这个童心仍在的妈妈，在满足女儿的乐趣的同时，也经历了一次特殊的求扇经历。

不知不觉间，女儿习惯利用网络去安排生活，包括到哪里玩、买哪款相机、买她自己的雕刻工具，等等。网络锻炼了她自我管理和鉴别选择的能力，她还通过网络自学了很多东西，如刻橡皮章的技艺、画T恤衫的技艺。此外，她还在网络上发现了许多奇奇怪怪的玩意儿。她利用网络的教育功能和信息功能，丰富了自己的人生。

网络是双刃剑，不让它做“洪水猛兽”的唯一方法是：让孩子们在网络中发现比浏览那些黄色网站、暴力网站更有意义的事，让他们发现与自己的生活密切相关的很多资源和信息。

我曾经试探过女儿：“很多成人对网上的黄色信息非常恐惧，担心孩子会误入歧途，你是怎么看的？”

女儿说：“好奇心总归是有的，但是只要允许孩子探索和发现到比黄色网站更有意义、更有价值的宝贝也都在网络里，让他发现自己可以从网络中得到更多有意义的帮助，他自然就会慢慢地放掉那些简单的好奇和兴趣。前提是要给孩子空间，让他慢慢地确定自己的方向和兴趣点，害怕是没有用的。大人们总是很蠢，以为可以管得住孩子，实际孩子发现了对他有好处的东西，就会自动选择的。不光网络是这样，社会本来也是这样，都有好的和不好的东西，只要培养了孩子的正确的价值观和世界观，孩子会自动选择对自己最有用的东西。”

女儿这段话很有哲理，让我更加放心她自己的选择。虽然，这中间要承担的风险是，她要耗费很多时间在网络上，她会熬夜到很晚。不过，我也只好接受她的这种状态，因为满足了她的这些探索和收集需要后，她才会更加安心地读书、学习。

在无限的网络空间里，女儿慢慢地长大了、成熟了。

用自信迎接小升初考试

沮丧中，孩子渴望得到父母的理解和鼓励，这样他才能重建自信，做出更好的表现。

女儿小学升初中考试之前，学校开了一次家长会，这是我们夫妻俩第一次非常认真地去参加会议。当听到以她的成绩无缘进入学校的重点班进行总复习时，我们的心情很沉重，回家的路上两个人默默无语。我们没有为女儿的学习操过一点心，不知道这个情况下，怎样去找一个让女儿再学习的环境，很茫然。我们两个人心情很沉重地回到家，我跟先生说:“我们先不要怪孩子，她学到这样也有我们两个的责任。先看看我们可以做什么，看看她还有什么资源可以挖掘，我们理顺了再来和她谈，好不好？”先生答应了我的要求，我担心他易躁的情绪会给女儿带来更大的压力，所以我要求自己先来整理一下思路。

我坐在桌前沉思良久，然后拿出三张白纸。每张纸上分别画了一个人形，第一张纸写“现在的女儿”，第二张写“她潜在的资源”，第三张纸写“我们可以做什么”。然后我逐条地分析女儿现在的情况，她已有的是爱学习、爱读书，只要拿到书就会如饥似渴地去读，所以从小学一年级开始，她就是班级的“博学之星”，甚至带动整个班级掀起读书的热潮。

她看的书从《福尔摩斯探案集》到《哈利·波特》，还有我书架上的那些书，她都看过。同时，她也看过我没看过的那些书，包括日本的漫画，还有很多文、史、哲类的书。这样一个孩子，完全凭着自己的兴趣读书，没有跟随应试要求，更没有受过任何专门的数学练习和训练，没找过家教，我们也从未强化过她关于成绩和分数的认识。以她现在的成绩和状态，是有很大的上升潜力的。因为她在数学上下的工夫最少，只要下工夫学就会有很大提升，只要给她训练，她沉淀的那些知识就会被激发。她对这个世界浓厚的兴趣和好奇心、她的聪明和活泼、她充沛的精力，还有她在陪伴和肯定之后进步飞快的特质，都是她潜在的资源。只要我们用心帮她挖掘出这些资源，只要我们帮她看到她有这些资源，一定会有好的结果的。

我又开始划分我和先生在孩子小升初考试之前各自的责任。我承诺每天按时做早饭、陪她去解决数学难题或者找数学老师解决难题；她爸爸则负责每天晚上做好晚饭。在我把所有这些画满三张纸之后，我的心安定了下来，有一个坚定的信念、一个很强的声音从心里发出来：“一个如此爱读书、如此爱学习的孩子，怎么可能找不到一个好学校读书？”我感觉有了底气，也突然充满了信心。

我把先生叫来，跟他分享这三张图。我看到先生的面色越来越舒展，越来越放松，我知道，他的那份沉重和紧张也得到缓解了。

然后我去房间叫女儿。她是耸着肩、低着头走过来的。看到她那个样子我很心疼，我知道我们做父母的，过去给她的支持太少，忽略了她成绩提高这部分能力的培养了。而现在，是我们开始帮她的时候了。我请女儿坐在桌前，跟她分享这三张纸上的内容，女儿越听腰板越直，最后整个人都舒展放松下来，说了一句：“我本来就是天才嘛！”完全放松下来了。在那一刻，我内心有很多欣喜，这才是我的女儿，这才是这个时候我们可以为她做的。

对于孩子来讲，小升初是一项特别的考验，她没有经验，需要爸爸妈妈的帮助和支持。对于父母来讲，陪伴孩子小升初也是第一次，也没有经验，也有压力。假如父母没有觉察并及时处理自己的这份压力和焦虑，就会用指责和抱怨的方式把压力转加在孩子身上，从而出现一个奇怪的现象：大人都没有能力、没有经验解决的困扰，却要让一个更没经验、更没能力的孩子去代替解决！后果可想而知了。这一次我深刻体验到，孩子考试焦虑情绪的缓解在于父母、在于父母和孩子的互助。从那天起，我们开始全力协助女儿迎接小升初的考试。

很多数学题很难，我也不会做，有时会帮她找老师问，有时找不到老师，我就说："不会做，就算了，这些题这么难，不会做是正常的，妈妈也不会做，今天不也是活得挺好吗？做不出来就做不出来吧。"每天吃过晚饭，我会陪她出去散步一小时，我会在她做作业的时候帮她播放放松的音乐，有时候给她挠挠痒，床上床下地翻滚。这些看似跟做作业没什么关系，但我知道这对她来说是一个被支持、被陪伴的过程，是一个减轻压力的过程，对她很重要。当然我们也去请求学校给她一个机会，测试她的水平。她在老师的帮助下，进入了那个重点班，参加了后面一个多月的复习。

7月份小升初考试时，我送她去考场，心里一点底都没有，我不知道她会考得怎样，不知道下一步怎么办。以我们的学区，她要去一个非常辛苦的、考试压力极大的学校，那不是我们想要的；或者去一个刚建的，不知道根底、具体情况和文化的学校，我们也不愿意。她自己选择了苏州中学园区校，因为她想去那个学校"生活"。张昕校长"教会孩子生活"的理念、全新的校园、舒适的住宿条件吸引了她，她希望自己去读这个学校。

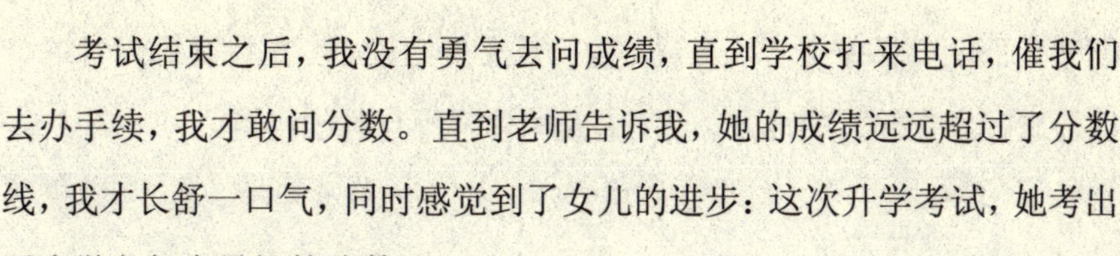

考试结束之后，我没有勇气去问成绩，直到学校打来电话，催我们去办手续，我才敢问分数。直到老师告诉我，她的成绩远远超过了分数线，我才长舒一口气，同时感觉到了女儿的进步：这次升学考试，她考出了小学六年中最好的分数！

就这样，女儿一路照顾自己的学习。小学如此，初中也是如此。初一她很放松地玩和体验中学生活；初二，其他同学还在玩时，她决定做一个好学生，好好读书了。于是她开始埋下头来，每天让自己有很多学习的时间。成绩很快就到班级的前几名，这种情况一直持续到初三。她开始对自己的学习有信心了。她发现只要自己能够静下来多做题目，多去琢磨这些课程，也可以像她眼中那些优秀学生一样，在班级，甚至年级里领先。这个过程让她变得自信得多、自律得多，学习已经完全变成她自己设计和安排的过程。

上高中时，高一全学年，她都很压抑。她在物理和数学方面学得很吃力，她把自己封闭起来，拼命地抠那些难题，花费了很大的精力，可是效果并不明显。老师劝她，我们也劝她，可她仍固执己见。那一年她的情绪到了最低谷。进入高二开始文理分科，她万般不甘心地决定学文科，最后却体验到学习的快乐和轻松。

陪女儿这么多年，她很少炫耀她的分数高低和名次前后。我们也很少体会到女儿成绩好的那份光彩，大家更多认可她爱读书、兴趣广泛、有思想。而我作为心理老师，情绪也没有受到女儿成绩高低的影响。我不断地提醒自己："成绩是她的事，学习是她的事，我能够做的就是给她独立探索的空间，让她体会分数高低升降的滋味。"

当我们把分数这样一个敏感话题放下时，我们之间的沟通是轻松的，话题更多关注广泛的社会或者人生，这些远超过分数所代表的意义和价值。而当我们把学习责任交还给孩子时，同时也给了自己更多自由，不需要陪她读书，更不需要为她准备这样准备那样，心情不会因为她的成

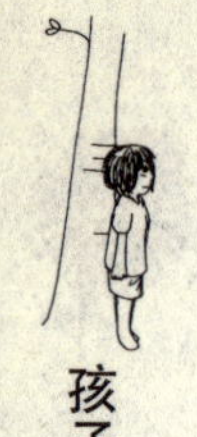

绩变化而阴晴圆缺。家，永远是家，是支持她读书、支持她每天对这个世界进行好奇探索的地方。这，真是一件喜不自胜的事情。

相信过程比结果更重要

梦想的美妙之处在于追求梦想的过程，而不是梦想是否实现的结果。这一点，父母一定要让孩子知晓！

在初中二年级的时候，有一天，女儿从学校回来神情很是黯然，不再像以往那样唧唧喳喳。我觉察到不对，想跟她谈谈，问她发生了什么事情，她却连谈话的兴趣也没有。我感觉到问题的严重，就强烈要求跟她谈一下。女儿坐在椅子上，垂着头用很微弱的声音说："实现不了啦。"

我说："什么东西实现不了？"

她说："农场的计划实现不了了。"

我好奇地问："未来的事儿，现在你怎么就知道实现不了呢？"

她吞吞吐吐地跟我讲了事情的原委。有一天晚自习，同学们在闲聊，讲到了现在地球环境污染严重，讲到了2012那个世纪性预言。有同学提醒女儿，你不要再带着你那个梦想活着啦，到时候地球都变成汪洋一片，哪里还有什么土地可以让你做农场主。那个同学的话给了女儿重创，她好像一下被打倒了，这么多年支撑她的一个梦想，受到了很大很大的打击，支撑她的那个信念支柱好像一下子垮塌了。她一下就掉到了消沉的深渊里，觉得做什么都没劲儿，觉得世界已经快到末日了。她的梦想变得不堪一击，她失去了往日的那份活泼和兴致勃勃。

女儿的诉说，让我真实地感受到这份痛苦。这种痛苦我在年轻时也曾体验过，当支撑自己的信念在某个时候突然受到冲击后，我感到了深深的挫败，感觉整个世界都垮了，没有可以支撑我继续生活和学习的动力了。那次我挣扎了几个月才从那个状态中走出来，因此，对于女儿现在的状态，我完全能懂得。

我拉着她的手坐下来，告诉她："我明白你的痛苦，我当年也体验过这种痛苦。那是想做一个好老师的梦想，被现实打破之后，我感到非常痛苦。"我跟她分享了自己当年的成长过程，跟她描述了梦想被现实一次次冲击时自己的真实感受，告诉她这个过程激发我去寻找内心最真实的渴望和自己内在精神的支持。这是个艰难而有意义的过程。我还跟她分享了自己职业生涯的若干次变化，分享童年的梦想对于每个人的意义：让我们开始去探索和寻找最适合我们的、最符合社会需要的一个服务世界的途径。没有哪个人一生下来，就知道适合做什么。人的前半生，就在寻找"适合做什么"的过程中长大。我跟她分享了很多朋友丰富多彩的职业生涯经历，这些朋友中很多都是她认识的，也包括他们校长张昕，所以她听起来很有兴趣。

我引导她看到：农场主的梦想，重点并不是能否实现，而是让她开始种一颗使自己和世界连接的种子，让她开始带着一份负责任的态度来安排自己的人生。假如未来的世界有相应的条件允许她实现最好，假如未来的世界不给她机会实现，那么她也会找到更适合她的、更符合社会需要的一个新的职业岗位。

她同意我说的：人谋生的过程，也许就是寻找的过程。只有真正去行动和寻找了，才会不断地跟现实相连接，找到适合自己的位置和方向。

这样一段真诚的分享，让女儿慢慢放松下来。她开始观察我在地上摆出来的，用小玩具设置的人生成长轨迹。她看到，从初二到未来，有多少可能性，有多少美妙的未来可以由她自己去创造。女儿慢慢地从沮丧中走出来了，脸上有了笑容。

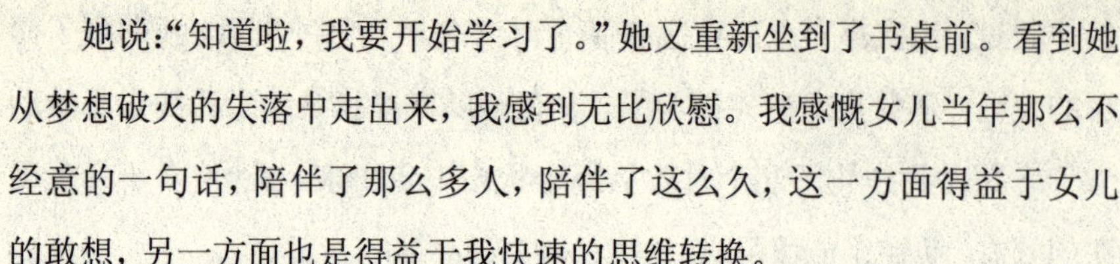

她说：“知道啦，我要开始学习了。”她又重新坐到了书桌前。看到她从梦想破灭的失落中走出来，我感到无比欣慰。我感慨女儿当年那么不经意的一句话，陪伴了那么多人，陪伴了这么久，这一方面得益于女儿的敢想，另一方面也是得益于我快速的思维转换。

“用理想管理人生”是我在做培训和做咨询时常用的话题。理想跟梦想的最大区分是梦想只停留在头脑中，当一个人的梦想跟现实紧密连接起来，开始用梦想管理自己的人生时，梦想就已经变成了理想。理想的实现需要很多外在条件，包括社会环境、个人素质等。理想对于一个人的意义，并不取决于最终能否实现，而在于可以让一个人对自己的每一天、每一个过程负起责任来，让一个人积极主动地把每一天、每一刻的生活管理起来，积极主动地靠近自己内心那个美好的未来愿景。当一个人在生命的每一天，都积极主动地为生命负责任，做跟理想相关的设计、安排和行动，过着充实、主动、自觉而有质量的人生，这时，理想能否真的实现，又有什么不同呢？

我曾经用这样的方法，帮很多人做自我人生设计和规划。我也这样一路为自己设计着，找到自己内心最深的渴望，找到自己内心真正的兴趣和需要，听从自己内在需要的声音，做自己喜欢做的事情。我一直过着幸福快乐的生活，这并不是上天对我太厚爱，而是我比其他人更真实地听到了自己真实的需要，更忠诚地跟随了自己内在真实的声音。这既符合了三赢原则，又符合了我来到这个世界要担负的使命和责任。自然，我就能享受到与自己的理想同在的成功和快乐了。

我跟女儿和其他朋友分享自己的亲身经历，帮一个又一个孩子，勇敢地设计自己的未来，调动周围所有的资源，支持孩子实现未来的愿景和梦想，推动一个又一个孩子走上“我的人生我做主”的成长之路。这对女儿来说，是一个看似滑稽，但越来越有意义的过程。我不知道是不是这个梦想的种子在她内在萌发，促使她高二的时候选择去做环保社长，让她提前实现了做农场主的梦想，带着70多个社员，经营着那个几十平方米的有机农场。

女儿曾经说，有一天她看到每一粒种子都长出了不同的叶片，感受到每一个种子都有它生命的形状，每一粒种子都为那个方寸的有机农场，添了不同的生机和绿色，她心里无比感动。用她的话说："我那一刻真的想给这些花花草草跪下去，感恩于它们如此旺盛的生命力，感恩于它们如此的与众不同，感恩于它们给予大家的陪伴和支持。"

说来也巧，当女儿拿到加拿大UWC录取通知的时候，我们同时知道，为苏州的孩子提供奖学金的那位先生，就是加拿大的一位农场主。他过世后，他的女儿接了他的班，继续资助苏州的孩子们。这真是一个偶然的巧合了！一个有农场主梦想的孩子，冥冥之中得到了真正的农场主的捐助，而她这个梦想，也成为她接受面试官考核时的一个话题。她说当她讲起梦想的时候，逗得好几个考官哈哈大笑。女儿就这样在她十几年成长的路程中，与她的梦想并行，与她的理想同行，也在她梦想的感召下，更多地亲近自然、亲近土地、亲近她内心对自然更多的爱。

她仍然坚持要40岁以后才去开农场，至于用什么方式能够拿到一块农场，她一直没有明确的说法。

不过，在她初三的某一天，当她跟我们聊到同学宿舍里的卧谈时，突然说："妈妈，我找到了一个做农场主最快的方法。"

"哦？什么方法？说来听听。"我很感兴趣。

她说，女同学们都在谈假如不读书嫁人这样的话题，她因此也想到了成为农场主最简单的方法：不用自己去创业积累资金，而是把自己嫁给一个农场主，这样直接就可以享受在农场晒太阳的待遇了。

我被她逗得哈哈大笑，觉得她是如此认真地、随时随地让自己跟理想相连接。而一个女孩子要想成为农场主，最简单的方式是把自己嫁给农场主，这还真是一个最有效的方法和途径啊。所以我说："我同意，你

用什么样的方法我都同意。”

我知道那天之后，每天在她内心里也许都有一种新的寻找和探索，要怎样才能走到做农场主的路上去。我也完全放手把她交给她自己的这份探索。二十多年之后，会发生什么，谁也不知道。可我知道一点：生活中的每一天，女儿都会很认真、很负责任地记着她的梦想。这就够了，我放心地把她交给她的梦想。

“练琴伤害了母女关系”

尊重孩子的意愿，不要把自己的想法强加到他们身上，否则只会得到亲子关系破裂的结果。

在我心里，学钢琴是一件很奢侈的事情。让女儿学钢琴，最初是源于她出生时，看到她那双纤长的手。这细长的手指给我的第一反应是，这是学钢琴的手。这个想法那时候就埋在了我心里。

在她5岁时，我们在泉州生活，当时我们的邻居就是一个音乐老师，她很喜欢我女儿，经常带她到琴房去弹琴。虽然时间很短，但还是感觉到她节奏感和手指感觉都很好。所以，当我们到苏州有了自己的房子之后，我们做的第一件事就是买来一架钢琴，请老师到家里来教，那时候她还是很有兴趣的。

钢琴老师很年轻，也挺严厉。女儿每天很乖，在固定时间练琴，我在旁边陪着。后来换了老师，那是一个中年男老师，他儿子考上了上海音乐学院，使得他很牛气，教琴时有很多要求。不知不觉间，我们慢慢掉到一个陷阱里，那就是：忘了为什么要练琴。我们坚持每周去练琴，不过是想得到老师高的评价。女儿有时候弹得很好，有的时候很不在状态，我的情绪也会跟着她起起伏伏地变化。

到她8岁的暑假，老师建议我们带她去考级，并建议她考三级。那个暑假女儿非常勤奋，在老师和我的要求下每天刻苦地练琴。天很热，她汗流浃背地坐在钢琴前，有时候一弹就是六七个小时。有时她央求地对我说："妈妈，好了吗？"我会说哪里哪里不好，继续弹。她就会用她很肉乎的小拳头带着愤怒朝那些键盘砸下去。

就这样不知不觉间暑假过去了，直到考级时间到来，她完成了一次三级的考试。在这个过程中，有多少次我气急败坏，她泪流满面；有多少次我不敢对她发作，一个人跑到厨房里去发泄怒气；有多少次我声嘶力竭地说教、训话，我都记不得了。

直到有一天，我发现钢琴左边两个琴键上多了两道刻痕。

"为什么会这样？"我问。她说："妈妈，钢琴都把我们母女的关系破坏了，是我用刀砍的。"说话时她两眼含泪哀怨地看着我。这段话让我很震惊，也让我开始反思，我们为什么要练琴？我们是要培养一个演奏家吗？我们没有这样的天分，可能女儿也没有这么好的遗传。我们是要培养她的兴趣吗？但现在兴趣已经变成了折磨。我们要培养她的耐性吗？这份耐性背后又是什么？我们到底要坚持什么？我也筋疲力尽了，为陪她练琴我每个晚上只能留在家里，没有任何娱乐活动和社会交往，我们两个已经处于高度紧张状态，彼此间已感受不到多少温暖和谐的亲情。我不知不觉已经变成了一个警察、一个监工、一个只会说"no"的"凶狠的家伙"。在这个过程中，女儿越来越应付，弹琴质量越来越低，这是我们要的吗？后来我跟她商量："既然这样，我们就不弹了吧？我也坚持不了了，你不想弹了，我们就把钢琴送人或者卖掉吧。"可是她总是说："不，我要弹的。"

后来我们想换一个钢琴老师，不要求考级，只要培养孩子的兴趣就

行。有朋友帮我介绍了一个很温和的女老师，一个典型的苏州人。她家很远，每次带女儿去上课，要么坐公交，要么骑自行车、电动车带着她，怎么都得花费一个小时。

冬天的晚上，那是段很漫长的路。在带女儿上课的路上，我曾不小心摔过两次，女儿总是很坚强地说“没事”，腿上划了很大的一道伤口，她仍然说“没事”。一段时间后，我们发现，即使不为考级去练琴，也需要充分投入的状态，假如用玩耍和游戏的状态去练琴，仍然练不好，上课老师还是要批评的。每次挨批评又会打击女儿练琴的积极性。

就这样到了小学四年级，我的精力实在不济，女儿学习压力也大了起来，我们最后决定不再练琴。虽然女儿还是不甘心，可我看到了我自己的局限：我没有办法创造快乐让她练琴，我也不想再这样折磨她和我，我牢记她那句“练琴伤害了我们母女关系”的话，我想享受我和她之间甜蜜的、幸福的母女之情。这，比练琴重要。

从那以后我发现，只要在小区里走路，听到钢琴声，她总会快走几步离开我们。后来我明白她是怕我们在这个时候说：“看看人家孩子都在练琴，你不练琴多可惜。”当我明白她这份害怕后，我就尽可能少地提醒她，也在那个时候，我感受到几年辛苦练琴给孩子带来的心理压力有多大。钢琴这个乐器可以带来很美的音乐享受，可是，我们没有能力帮她去创造那个轻松地感受音乐的过程，使得这架钢琴成了彼此心中很大的阴影。

她爷爷去世的时候，她爸爸从老家打来电话。那个时候我和女儿都很伤心，我提议：“女儿，给爷爷弹一首钢琴曲吧，送爷爷走。”女儿含着眼泪给爷爷弹了一首《献给爱丽斯》，那是远在北方的爷爷，第一次也是最后一次听孙女弹琴。女儿用钢琴曲告别了爷爷，那也是我们感受到音乐的美和特殊价值的一次重要经历。

上初一以后，女儿还会去学校的琴房练琴，学校琴房只有电子琴可

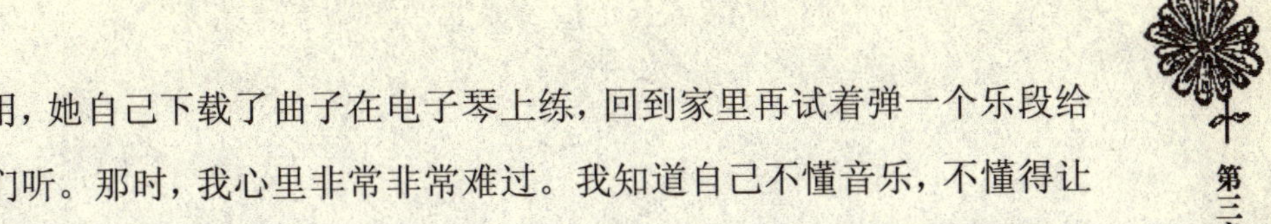

以用，她自己下载了曲子在电子琴上练，回到家里再试着弹一个乐段给我们听。那时，我心里非常非常难过。我知道自己不懂音乐，不懂得让孩子快乐地享受音乐，使得女儿对音乐的那份爱和渴望最终变成她的一个很大的阴影。她宁愿在学校电子琴上练琴，都不愿意掀开家里钢琴的琴盖弹上一曲。这其实是一个很大的失败，假如现在重新来过，还选择学钢琴的话，我会有很多不同的方法，让女儿在每一天的练琴中感到兴奋、感到快乐。让这些快乐给她勇气，让她每天在钢琴上随便地摸，随便地弹，随便地去创造。可是，时光不会倒流，我只能带着这份遗憾，去回顾女儿练琴的那份痛苦经历，把它记录下来。

上高中后，我还是很欣慰地看到当年练琴的那个过程对孩子的很多潜移默化的影响。虽然她没有继续考级，也没有继续练琴，可是她的反应能力、解决问题的能力、学习能力等都在无形中得到了提高，让我看到当年练琴对她的大脑开发的一份功劳。双手十指的挥动，带来女儿非常快的反应能力和大小脑的协调发展。学钢琴让她喜欢歌曲、喜欢古典音乐、喜欢上世纪欧美的爵士乐，让她对音乐有一种很高的敏感度，只要她听过的歌或曲子，再听的时候就会说："我曾在哪里哪里听过……"

我们没有懂音乐的耳朵，没有这样的训练，而女儿这方面却很有天分。所以，当我看到她的这些变化和能力的时候，我对当年那段艰难的练琴岁月有很多的感恩。遗憾仍然在，但感恩也很真实。我明白，人生的所有经历对一个人来说都是非常重要的储藏。尤其在孩子幼小的时候，她所接受的一切，都会给她整个人生留下非常重要的痕迹和产生重要的作用。

所以，望着家里那架钢琴，我有时候会想：等我退休了我自己来练吧。或者，也可以等女儿完全放松时，让她自由地用这架钢琴去创作、去表达，也许这才是这架钢琴独特的作用。

第四章

你的爱，要让孩子看得见摸得到

不要告诉我为什么做不到，告诉我如何做得到，因为那才是你存在的原因。

Don’t tell me why it cannot be done; tell me how it can be done, because that is why you are here.

冉鑫安/译/绘

有一天我有了孩子

孩子的到来，让父母品尝到幸福的味道，也让父母承担起艰巨的抚养责任！

1993年，当我们的生活基本稳定下来的时候，我就萌生了一个强烈的愿望：我们已经准备好了，迎接一个小生命的到来！

这个愿望配合着我身体的调整和我们夫妻共同的期待。当发现真的有一个孩子孕育在我身体里的时候，我非常喜悦！作为师范学校教教育心理的老师，我在大学里已经储备了很多婴幼儿心理知识，也在内心早早就盼着，有一天我有了孩子，一定会跟他建立一种亲密的亲子关系，我要做一个与众不同的妈妈。所以，那时我就决定：我要自己带这个孩子长大，我要自己陪着他，不把他交给老人，或者其他人带。

在孕育的过程中，我开始准备很多识字卡片，我自己一笔一画用毛笔写下几百个汉字。在孩子出生之前，我已经有了几百张汉字卡片，也有很多彩色图片，还有皮亚杰那个经典的没有眼睛的人像，我们都充满期待地迎接孩子的到来。

我也把很多有关婴幼儿心理的书籍找出来，去研究和琢磨现在肚子里的孩子处在哪个阶段，哪个部分正在发育。当然我也调节自己的心情，让自己处在愉快的状态，我知道这是胎教更重要的部分。同时，我也理所当然地吃所有我想吃的食物，理直气壮地向先生要我馋的东西。记得大冬天的晚上，我突然馋起某个饭店的猪蹄髈，先生二话不说，顶着风雪，骑半个小时车帮我买回来，但我只吃了两口，就再也吃不下了。我又开始馋香蕉，他又转身出去买香蕉……这样的故事，伴随在孕育孩子的过程里，让我们两个都乐在其中。

我们兴高采烈地为孩子准备衣物，还准备了一张小床，那是用两节沙发相对拼成的，放在我们大床旁边。先生不理解："孩子那么小，为什么要跟我们分开？"我满脑子都是书上的理论，说让孩子单独睡在一边对大人和孩子都好。他无奈地摇头，我则坚持我的做法，我有很多书上的理论可以说服他。

直到4月26日阵痛开始，我住进医院。那时才发现原来孩子的出生是这样辛苦，从下午开始一直持续到第二天早晨。一个晚上我被折腾得筋疲力尽，看旁边的人都在很香甜地大睡，我觉得自己快熬不过去了，就向先生和医生央求剖宫产。可是，那个认识的医生朋友还是坚持说："能生就自己生，对大人和孩子都有好处。"

我实在无奈，只好一点一点地挨时间，挨到天亮就有希望了，直到早晨7点多，我被送进产房，在医生的帮助和挤压下，一个额头尖尖的孩子终于来到了这个世界！没有人告诉我是男是女，我想，不管是男是女，只要健康地活着就够了。

医生告诉我孩子的体重是7斤3两时，我还是忍不住问了一句："是男孩儿还是女孩儿？"

医生告诉我："恭喜你，是个千金。"

我如释重负。终于盼来了一个女儿，虽然娘家和婆家都盼着是个男孩儿，但我内心一直有个坚定的感觉：这是个女儿，我想要个女儿。甚至在进产房之前，同病房的一个阿姨还说，看你的肚子一定是男孩儿。我都在心里说："哼，我一定生个女儿。"因为我一直盼着生个女儿，我也准备了很多女孩儿的衣物。现在，我发现，我们母女早就心连心，我终于可以做一个女孩儿的妈妈了。

然后，因为有侧切的伤口需要处理，我被留在产房里，接受缝合。整整一个多小时，我经历了在冰冷的房间里被生硬对待的感觉，内心有很多的愤怒，直到被推出产房，见到妈妈和先生的一刹那，我的眼泪才流了出来，哽咽不止。那是委屈的泪，也是如释重负的喜悦。从这一刻开始，我已成为一个孩子的妈妈了。

那天，外面下着大雪，“五一”前后的最后一场大雪，东北每年的惯例。这时的雪已经不像冬天那样干冷，到了中午有些已经开始融化，是温润的春雪。

当我们第四天出院时，我们的车在扫起的雪堆中穿行，暖暖的阳光，照着裸露的土地和堆的雪人，给人一种春天特有的、蕴藏着生机的、很新鲜的感觉。

我们回家了，回到学校里，在那间20平方米的筒子楼宿舍里，我们开始了一家三口的生活。

记载点滴感动的早教记录

对孩子点滴成长的记录，展现的不仅是一些生命痕迹，更是一条回忆线索。

也许是小时候自己的辛苦和跟妈妈关系的那份紧张与害怕，让我从小就有一个强烈的愿望：“有朝一日我做妈妈，一定要做一个民主的，可以和孩子做朋友的，平等的好妈妈”。那个“我想比你强”的动力一直推动着我。所以，无论是在大学读书还是日常积累，我都储备了很多婴幼儿养育知识。

当我每天陪着孩子的时候，我有足够的时间去观察她、欣赏她、爱她……

从第一眼看到她，我就喜欢女儿那双手，纤长的手指，这点更像她爸爸，不像我的手短而粗，这都让我觉得惊喜。我猜，这是一双弹钢琴的手。

因为我小时候没有吃过妈妈的奶，所以我非常强烈地希望，不管受多少苦，一定要让我女儿吃到我的奶。所以，从生下她，我就每天吃各种催奶偏方，奇奇怪怪的、毫无味道的各种汤，直到有越来越多的奶水出来，我心里有无限的喜悦。我的女儿可以跟我不一样了，她可以被我抱着吃我的奶，感受我的心跳，我们会有很亲密的关系。不知不觉间我已经陷入一种强烈的补偿心理，不知不觉间我也掉进一个我要超过妈妈的期盼里，但我也在不知不觉间重复妈妈的很多想法甚至做法，比方：孩子不可以娇惯，孩子不要太注重外表、穿着，只要学习好就行……

每天我在照顾她吃喝拉撒的同时，变着法地对她实施早教。在她床头变换不同的色卡，发出不同的声响，让她看那个无眼的人像，在自己忙着洗衣做饭的时候，制造一些玩具，或者响声陪伴她。同时，每天都在记录孩子一点一滴的成长："她的第一次哈哈大笑""第一次抬头、挺胸""第一次感冒、发烧"……琐琐碎碎的记录，到她5岁时，我已经写了厚厚的3大本，这些都记录着我对她的陪伴。

很多朋友、同事来到家里，都会感叹我所做的一切，他们会称赞我是一个有爱心、懂得早教、尽心尽力的妈妈。房间到处挂着识字卡，我总是陪她说话，并制造各种丰富的刺激来活跃她的感官。甚至6个月开始我就把她抱在怀里，给她读彩绘本的《中国成语故事》，我知道孩子喜

欢重复，就一遍一遍地给她读，这些确实是很多妈妈没有做而我却乐在其中的。似乎不知不觉间内心有了很强的动力：我这个学教育心理的妈妈，要培养出一个与众不同的女儿来。

刚会走路她就会给邻居的叔叔阿姨们去送信，蹒跚着步子走到各家，把信送给叔叔阿姨。女儿对语言表达也比较敏感，她总是去接邻居小哥哥、小姐姐说话的话头，于是他们就故意地逗她，说“吴文”，她马上跟上“君”，大家说“大白”她立刻跟上“兔”……

小时候的女儿，头发非常稀疏，淡淡的黄色的绒毛，无法遮盖那个大大的额头和光秃秃的头顶，连眉毛也是淡淡的黄色，所以看起来就像一个小男孩儿。最让我难以忍受的是她晚上不肯睡觉，每天哄她睡觉，是一件很艰难的事。我总盼着她早点睡着，这样我就可以备第二天的课，但她总要把我折腾得筋疲力尽才肯睡着。所以，随着她长大，我要应付每周十几节课，感觉越来越累，那份陪伴的愉悦和耐心，也渐渐失去。

后来我们找了一个女孩子来照顾她。那女孩儿20岁左右，她把女儿包得方方正正地放在被子里。不知用了什么方法把女儿哄得很乖，白天睡得很好，到晚上就开始折腾我们。后来因为小女孩儿家里有事，不能再带她，我有时只好请学生帮忙。

还记得班里有一个叫王险峰的男孩子，很有耐心陪着她玩。有空闲了我就把他叫来，让他带孩子，我做饭或者备课。有一天实在没办法，我们把女儿送到学校驾驶员高师傅家里，让他爱人帮我们带孩子。送去当天，我们夫妻俩就如释重负，跑到街上逛了一圈，享受了自有孩子以来第一次的二人世界。那时候感到孩子改变了我们很多很多……

女儿在高师傅家，被照顾得很好，所以每天把她送出去就像卸了一个重担。晚上太忙，有时候会很晚接她。高师傅一家三口很喜欢她，我们也就乐得清闲自在。就这样，她慢慢长大，我们将女儿送到了幼儿园，

她开始了第一次独立的社会生活。

几大本成长日记就这样一天天像流水账一样地记了下来，我只是想给未来留一个回忆的线索；想在日渐消逝的时光里，多留一些生命的痕迹；我甚至想，等女儿长大了、有了自己的孩子、老了的时候，她可以读一读这些日记，这对她一定会有非常非常重要的意义。从这一点上看，我算是个勤奋的妈妈、一个负责任的妈妈。

跟着爸妈去扎根

孩子有能力照顾好自己，父母要赋予孩子如斯信任，使他的能量和能力能够自然地表达。

从女儿出生，我就一直陪着她。即使白天送出去，晚上也一定把她接回家，由我们照顾她。虽然她独自睡在旁边的小沙发上，我们仍然有很多机会和她讲话、陪她一起玩。

直到1996年暑假，我去哈尔滨学习计算机，要去半个月，我只得把女儿放在她外婆家。那个时候她只有两周岁。等我从哈尔滨回来，再见到女儿时，她看我的眼神怯生生的，很不自在地把手背在身后，跟我保持着两米的距离。我买了很多玩具带给她，有橡胶的、动物的、卡通的，哄她来玩。她万般扭捏地一点一点地蹭过来，从开始拿玩具，到慢慢地让我摸摸她的手，再到让我抱她，我花费了一个上午的时间。那个时候的我只有心理学知识，不懂孩子的心，有些心虚，只得很耐心地陪她玩。后来听她外婆说，我不在家时，她外婆带她出去玩，每当她看到别的爸爸妈妈拉着小朋友，她就会说："等我妈妈回来，我爸爸妈妈也

会这样的。”

直到今天我才懂得孩子那些话的真正含义，也才懂得当年我跟她分开，对她心理的影响有多大。因为那个时候她不只是离开了妈妈，也离开了爸爸。她住在外婆家，离开了她熟悉的环境，爸爸只是偶尔来看她，她的生活发生了彻底的变化。所以，她第一次看到我的那份陌生和胆怯实际是非常重要的信号。可是当时的我并不懂，或者说我的脑袋懂，我的心并不懂，这个过程对她的意义和影响。

1998年，孩子4岁多了。我们决定到南方去发展，当时的理由也是为孩子寻找一个更好的教育环境，而我呢，也可以找到更适合发展的工作环境。我们在偏远的内蒙古林区，已经感受到与沿海城市非常大的差距，不能让孩子在更大的差距中走向她的未来。所以，我们毅然决然地举家南迁到福建泉州——中国版图的最东南，开始了新的生活。

我和女儿先走，8月份的火车。那一年北方多雨，很多地方出现了洪涝，我们走的时候准备了很多食物，唯恐路上出现变故。到了哈尔滨，感受到洪水那份威逼，火车停了一段时间，有人说“松花江要决堤了”，有人说“要炸桥了、要炸铁路了”，各种谣言都有，而我们只能跟随着，听天由命。女儿很快乐，她在卧铺车上跳上跳下，一会儿到行李架上，一会儿到别的铺上，完全不知道忧虑，而我内心也有一分定力，相信我们会顺利。

就这样我们有惊无险地到了北京，在妹夫的陪同下，我们在北京小住两天。我陪女儿去动物园玩了整整一天，看大熊猫、狮子、老虎。北京38摄氏度的高温，竟然完全没有影响女儿的精神和体力，她玩得不亦乐乎。我也是在那次才发现她会晕车，坐上公交车她就晕晕乎乎的。可这孩子真是让人很心疼，不管她晕车有多难受，只要一到站，一叫她，她马上就清醒过来，立刻下车自己走路。看到女儿累了，我想抱她，她总是说“妈妈也累，我自己走吧”。就这样，我们逛着天安门，走着长安街，

在北京度过了两天放松的时光，又继续前行。

火车到了福州，已是夜里10点多。一下火车就有很多人围了上来，拉我们坐他们的黑车，或者让我们去住店。那阵势很吓人，我心里很害怕。后来我还是决定搭个车去泉州。离目的地越近，我的心里就越踏实。后来我们坐上开往泉州的大巴，车里闷热不堪，还有蚊子，开到半路又抛锚了。天气又闷又热，女儿开始哭闹，我也忍不住开始流泪，我们娘儿俩开始抱头痛哭。哭过后，她帮我擦好眼泪躺在我怀里睡着了。我们在半夜1点左右到了泉州。天，还是很黑。我选择了一辆中巴赶往郊外的学校，心中还是那个声音“离目的地越近越踏实”，听天由命吧。

当两个陌生人把我们送到学校门口时，已经凌晨三四点了。我们在学校传达室等了一会儿才被迎进去，找了个房间睡了下来。这趟惊险的南迁之旅，就这样暂告段落。

后来，女儿就在这所学校的幼儿园寄宿了。我在中学部，她在幼儿园。我们的家就在校园里，可是她得像其他小朋友一样住在幼儿园，两个星期才能回一次家，她很快就适应了环境。不过每次吃饭，她跟小朋友排队经过我的办公室时，她总要打开房门看看我，满眼期盼。那时的我太过理性，唯恐自己给她太多关注，会刺激其他小朋友，因此，我总是表现得很隐忍地跟她打招呼，怕引起其他小朋友的嫉妒。所以，虽然妈妈就在学校里，家就在学校里，可是女儿基本没有搞过什么特殊，她只能在规定的时间回家，或者回幼儿园吃饭睡觉。

幼儿园的日子也因为有一个男老师，让她有了很多独特的记忆。那个叫陈真的男老师，是个20岁出头的小伙子，是学校里两名阿舅之一。他对孩子们很宽容，很喜欢孩子们。在早晨起来后，他会带着孩子们光着脚丫踩着草地，去看大自然；他会把女儿架到自己脖子上，带她到处去逛。那时候校园里有五六个教工的孩子，来自不同省份，操着不同口音，一到放假就滚爬摸打在一起，玩得非常开心。学校老师对孩子们也很温

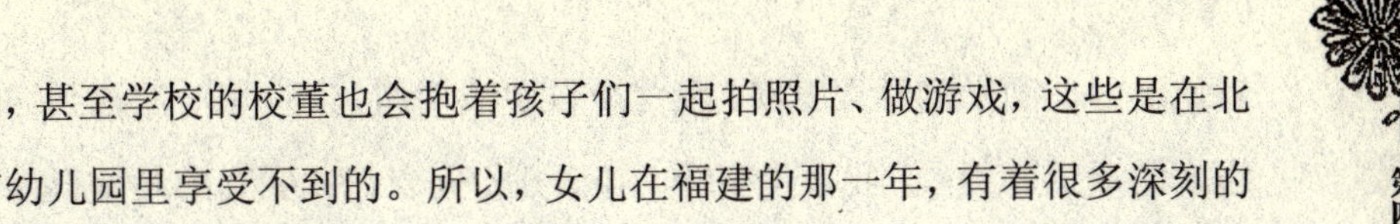

和，甚至学校的校董也会抱着孩子们一起拍照片、做游戏，这些是在北方幼儿园里享受不到的。所以，女儿在福建的那一年，有着很多深刻的美好记忆。

我现在都无法估量，那一年寄宿生活对她有怎样的影响。我记得，那年12月末，我们夫妻俩利用学校放假时间，去广东考察另外一所学校，女儿只能留在幼儿园里，她很多时候都会跑出来。保安告诉我们：孩子一到晚上就靠着铁门向外看，盼着爸爸妈妈回来。我们回来的那一天，她也在铁门那边等我们，见到我们第一句话就是："妈妈怎么才回来？"我把她抱在怀里，使劲地亲她，告诉她："妈妈回来了。"

现在想想那个时候，我们的情感真的很粗糙，也就是这份粗糙让我们当时可以在很大的压力下生存下来。而今天，回顾那段往事，可以看到女儿那份独立和忍受的背后是我们对她的一些忽略，而这份忽略也是当时的我们不得已而为之的。

这就是我们那段时间的生活原貌。

1999年7月，我们决定离开福建，去找一个更适合生活和发展的地方。

那年暑假，我带女儿去考察几所通知我面试的学校。临行前，女儿发烧，但面试时间不能改，我只能在输液两天她体温稍降后，带她乘车北上。

女儿真的很帮忙，一路上越来越好。直到把她送到常州我同学的家。同学家有一个跟她同龄的女孩儿，她们两个可以玩在一起。我分别去南通、宁波和苏州面试。等我转了一圈回来，她的病已经全好了。我同学悄悄跟我讲，我不在的日子里，她的情绪表现得很防卫，而且也看得出来我对她要求太严格。因为每当给女儿好吃的，她的第一反应总是"妈妈不让我要"，再三拿给她时，她又会说："我吃了，你不要告诉我妈妈。"我的同学很认真地跟我讲，虽然你是学教育心理的，但你是不是对孩子太严格了，她好像不太像小孩子，也不会真实地表达自己的需要，这样

对她不好。同学的话很直率，我这个自诩成功的妈妈，第一次遇到这么现实的质疑和提醒，我心里咯噔一下，开始问自己："我真的是做得太过分吗？"

我在同学的提醒中似乎看到了我妈妈对待我的影子，但我不愿意承认。我觉得我比妈妈平和、民主多了，我只是害怕把她惯坏，怕她变得太过浮躁，甚至有时心里说："我小时候也没有人管我，不是也粗粗拉拉长大了吗？"尽管我的心里不愿意承认，但那个经历还是给了我一个重要的提醒，好像在我心里埋下了一颗自我反思的种子。虽然真正的反思和改变是在几年之后，但我确实看到了自己不愿意看到的真实。

面试后，我们举家从泉州搬到宁波，尽管先生不舍得离开泉州，可是我坚持家人一定要在一起，他还是跟我们一起转道厦门坐火车去宁波。可在宁波住了6天后，我们毅然决然地离开了。因为在外工作的一年，我已经非常明确地知道自己要什么、不要什么。所以，尽管决定下得有些突然，但是很坚定。

在从宁波到苏州的火车上，女儿问我："妈妈，我们现在要去哪儿？"我回答她："我们要去找一块土地扎根。"是的，没有根的闯荡，感觉像浮萍一样无所依归，我们需要找一个地方安定下来，让孩子开始她的学习，让我们开始自己的发展。我们要找一个地方让自己这颗种子落下来，让我们的家扎下根来。

就这样，我们来到苏州，在一所民办学校里开始了我们的生活。女儿要去幼儿园，可学校到幼儿园很不方便，没有其他交通工具，只能搭学校早晨的通勤车出去。第一天开学，爸爸把女儿送到幼儿园，那时候只有早晨7点多，距离幼儿园开门还有一两个小时，爸爸告诉女儿站在校门口不要动，等到校门开了再进。女儿就听话地等到开门才进去。很多朋友都替我们担心，不明白我们为什么有那么大胆量，可以把一个

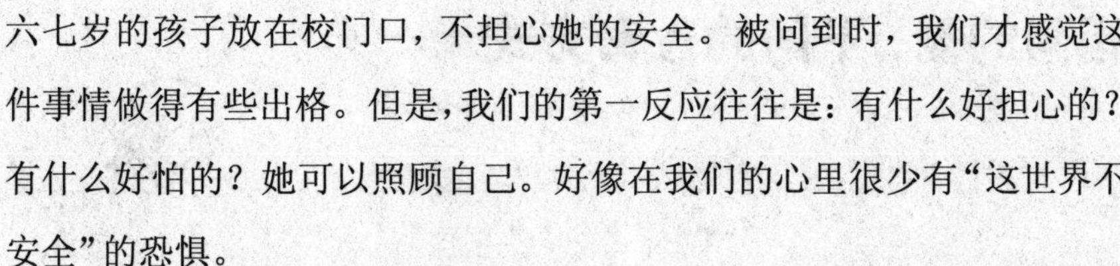

六七岁的孩子放在校门口，不担心她的安全。被问到时，我们才感觉这件事情做得有些出格。但是，我们的第一反应往往是：有什么好担心的？有什么好怕的？她可以照顾自己。好像在我们的心里很少有“这世界不安全”的恐惧。

现在想起，说不清当时那样做，是我们觉得世界足够安全，不用害怕和担心，还是当时我们顾不上害怕和担心？但是，对这个世界的信任和安全、对孩子的信任和安全的感觉，好像是根深蒂固，牢牢地扎在我们心里的。这是不是也是我们的世界观、人生观使然呢？假如是现在，我们会不会那样做呢？

我的第一答案是：不会。我们会采取更安全、更保险的方法，在乎孩子的感觉，不让她紧张恐惧地动用更多自我防御来保护自己。

但仔细想一想，我觉得如果是现在，我仍然会那么做，我相信这个世界，相信自己的孩子。

当我反思这个过程时，突然少了很多歉疚，也许就是父母这份安全信任的感觉，让女儿的那份能量和能力可以自然地表达，让她也信任这个世界，让她相信自己有能力照顾好自己。这是非常重要的信念的种子，是她跟未来所有关系的核心基础，也是我们与她关系互动的基础。我们信任这个世界，相信这个世界是安全的。我们信任女儿，相信女儿是能够自己照顾自己的。

相同的爱，不同的教育方式

父母也许有着不同的教育方式，但对孩子却都怀有同样的爱。

因为我是学教育心理的，我很早就开始做教养孩子的准备，教育孩子理所当然地成了我的专利，她的事情都由我说了算。我的时间相对比先生要宽松一些，所以怎样教育她、孩子的生活起居和早期智力开发等都是我做决定，先生配合。

我们很早就达成共识：爸爸妈妈要给予孩子一致的要求和教育。起码不可以当孩子面表现我们的冲突，我们可以事先讨论，确定一个共同的意见，再由某人去发布。另一个人不管有多反对，也不可以当场表达相反的意见，这是对孩子接受信息一致性的保护。这个共识变成我们在孩子教育上的彼此默契配合。

当然，我们俩完全不同的性格特点，不同的价值和信念，使我们在对待女儿的教育上常会有不同的意见。我的意见更多是理论化的、学术性的，先生的意见更多是生活型的、经验性的。因为我的能言善辩，所以先生一般都保留意见，听从我的安排。当我开始反思我的教育观念后，我也开始静下心来体会先生的想法和信念的合理性。我发现，他说不出理论的观点中，有很多还是具有现实性和有效性的。这些是在我开始真的理解先生、欣赏先生之后慢慢地发现的。我开始采纳先生的意见，有时，让先生去表达他对女儿的意见和要求，这时候我往往是主动配合先生的。

女儿在我们这样的影响中慢慢长大，她同时知道爸爸妈妈不同的特点和要求，并慢慢内化为她自己内在的道德标准和评价标准。我和先生表现的是对彼此的尊重和信任，女儿感受到的是爸爸妈妈的一致性，让她少了很多冲突和矛盾。

偶尔先生对待女儿的态度和方法，也让我难以忍受，这时，我会在其中察觉到自己的情绪投射。比方，小时候被父母训斥之后的伤痛，让我不想看到女儿被爸爸训斥。不想让女儿重复我的命运的补偿心理，如此强烈地支配着我，好像凡是我小时候经历的创伤，我都不想让女儿经历，不想让她感受到家庭的不和谐，不想让她很辛苦地做很多家务，不想让她看父母的脸色，不想让她被父母训得当众下不来台……

我的所有这些“不想”，往往在先生情绪激烈的情况下被冲撞、被打破。我可以做到现场忍受，事后反思，或与先生交流讨论，让他承认自己的“错”，希望他能改变、克制。但往往这些情景会重演，我也会无奈。直到有一天，我在课程中被学员问道：“夫妻关系的矛盾对孩子会产生哪些影响？”在解答这个问题时，我自己也明白了：爸爸给孩子的是爸爸能够给的最好的，妈妈给孩子的是妈妈能够给的最好的，我们不能企图让爸爸和妈妈的教养方式与习惯完全和谐一致。假如那样的话，孩子得到的是单一的教育和影响，看到的只有一种模式，只学到一种人生经验，不利于孩子的成长。一个人在社会中，要学到很多经验，积累不同的经验，应对不同环境和不同的人。所以，夫妻任何一方，不可以要求另一方，与自己完全一致地去教育孩子，要尊重另一方有自己对待孩子的方法和模式。彼此的尊重和信任，更是对孩子的一份信任和要求。

这样的讲解消除了我内在的纠结。这之后，我开始欣赏孩子爸爸的教育方式的独特价值。他用简单或是生硬的语气，教孩子如何粗线条、快行动地去表现自己的行为；他用不善表达情绪和不诉说细节的话语，给予孩子力量与支持；他用看似简单的要求，去推动孩子做很多很多事情，帮孩子建立很多社交网络，积累未来的人生经验。这是爸爸带着爱

对女儿的一份带动和影响，是我无法给予她的，也是我放下自己的童年创伤，同时放下对女儿的过分保护，真正看到了、欣赏到了她爸爸给予孩子的那份独特的支持和爱。

当我有了这样的视角之后，我开始变得放松了，开始允许孩子跟爸爸互动和沟通，不再小心翼翼地护着孩子，而把孩子交给她的爸爸，让爸爸用他的方式带着女儿去看世界。当我有了这样一种能力之后，我也开始欣赏到，女儿身上有越来越多爸爸对她的影响：做事情追求精致和完美、爱惜并打理好自己的物品、购买东西时注重性价比，还有她不怕吃苦，肯出力，肯付出，对别人全身心服务的精神，包括那份乐观、积极、向上的生活态度等，所有这些都是爸爸给予她的重要影响。

当我可以这样以一种欣赏的眼光去看待女儿、看待先生时，我自己变得更加放松。我在女儿与爸爸出现冲突时能够保持平静，看着她在冲突中学习长大。同时，我极力维护她爸爸的地位和尊严。女儿曾经对我与她爸爸的争吵非常恐惧，每当这时，她会很紧张地劝说，或者看似麻木地躲在一边。

我跟女儿讨论："爸爸妈妈吵架，你会有怎样的感觉？"

她总是告诉我："很害怕。"

我问她："你怕什么？"

她说："我怕你们像其他的父母那样离婚。"

我知道女儿怕的是爸爸妈妈不能同时爱她。我跟她澄清："刚才我们不是在争吵，不过是针对一个问题表达各自的意见。因为我们观点不一样，所以彼此都很激动，声调会很高，表情会很激烈。但是，我想告诉你，我们仍然相爱，这个家是安全的。"

同时，我还告诉她，生活中的有些问题是要表达出不同意见来的。要让对方明白自己的想法，就要把自己的想法说出来，这是面对冲突、处理冲突的一种重要能力。遇到冲突不可以逃避，也不可以掩盖和压抑，每个人都有权利表达自己的想法，然后再慢慢获得共识，找到一个平衡的方法。我们不是在吵架，我们是在学着彼此沟通和了解。请你放心，你是安全的，我们也有能力学会越来越有效地沟通。

在讲给女儿听时，我也在觉察自己无效的模式，也在尝试改变自己的模式。女儿开始看到我们的改变，她有时候看到我们又开始争执了，总会说:“过一会儿，你们又好了。”

我可以用跟先生不同的方式陪伴女儿，先生也可以用他的方式教育女儿，我们彼此有一份接纳，那份共识仍然在，就是“不在女儿面前，同一个时间，表达对她不同的指导意见，哪怕是错的也要执行下去，日后再找机会修补过来”。这既是对彼此的一份尊重，也是对女儿的一份爱护。只是随着女儿长大，我们可以当众讨论的机会越来越多，而我们彼此为对方修补极端观点的能力也越来越强。

当先生表达他非常激烈的想法时，我总是不知不觉中用语言转化，让女儿听到更适合、更容易接受的观点。我是润滑剂，润滑着我们三个人的关系。先生也总是帮我补充某事的具体做法，让我的想法具操作性，给女儿具体的指导。在我们两人的配合教育下，女儿越来越安然，脸上有了越来越多的笑。

在对待女儿的过程中，我们学习共同和一致，也学着包容彼此和尊重彼此。

所以，当一对夫妻面对孩子和谐一致时，两个人一定有着和谐的关系，有着对彼此的尊重和爱。

生活中常见一些夫妻，其他事情上都说得过去，在孩子的教育上却水火不容、各执己见。这是一个很危险的信号，他们彼此都把孩子当作了自己的身份砝码和私有财产，平日掩盖的冲突和矛盾，在孩子这件事上表现出来。这也是提醒：夫妻间彼此缺少有效的沟通、处理冲突的机制。在最爱的孩子面前，表现冲突和矛盾，既会伤害孩子，也会伤害彼此。

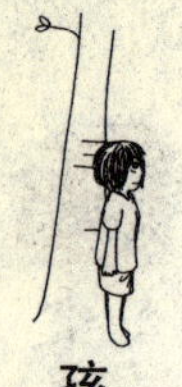

所以，父母要有一份觉察：当不能保护孩子，给孩子创造和谐的家庭环境，不能尊重彼此，在孩子面前，争谁是谁非的时候，就是夫妻双方要静下心来，反思婚姻关系的时候了。

爱孩子，就要让她得到更和谐的亲子关系。孩子的爱和安全感，取决于父母相亲相爱的程度。父母能给予孩子的最好的礼物就是相亲相爱。有了“爱”作为前提，还有什么矛盾不可以化解、有什么冲突不可以消除呢？

给孩子和谐一致的爱，同时给孩子不同方式的爱，会让孩子学到更多，成长更快，有更多的力量和爱去面对未来的生活。

给爸爸的生日礼物

孩子从父母那里收获了许多无私的关爱，而父母也能从孩子那里收获很多难忘的感动！

我们后来一直生活在苏州，我的父母和家人也都在苏州，而先生的亲人都留在内蒙古林区，有各自的生活。

有一天，女儿说的一句话让我心里一震。那时恰好一群朋友在跟我讨论家族系统的事情，他们帮我呈现了我的原生家族系统，也就是我的父母、我的弟妹跟我的关系现状。由此我也知道了，每个人的所有力量和爱都是来源于身后的父母和一代代祖先。我们讨论这个问题的时候，女儿恰好在旁边。

事后，她对我说：“我觉得爸爸很可怜。”

“为什么你觉得爸爸‘可怜’呢？”我很惊讶她用这个词。

她说："因为你的家人都在你的身边，而爸爸却只有他自己。"

哦，我明白了，原来女儿用她现实的眼光看到了爸爸一个人在苏州的孤单。所以，她内心会对爸爸有很多很多的关注和理解。

女儿五年级的时候，悄悄跟我说，她想送给爸爸一个特殊的生日礼物，她想给老家的姑姑、伯伯写封信，请他们给爸爸写封回信，祝贺爸爸过生日。我极力支持女儿，同时惊讶，她怎么会想到这样的主意？

女儿写了封信寄回内蒙古林区，随信还寄去回信的信封，并贴好了邮票。在她爸爸生日前几天，回信收到了。展开信，她大姑、二姑、三姑和伯父，每个人都给她爸爸写了几句话，有表达祝福的，也有表达期望的。话不多，可这是先生第一次看到家人用这样的方式给他生日祝福。我很激动，跟先生一起读着这封信，我在其中感受到了女儿内心对她爸爸深深的爱。

事实上，女儿跟我在一起的时间比较多，但我出去上课或学习时，她爸爸就负责照顾她。她爸爸是一个不善掩饰情绪的人，喜怒哀乐都写在脸上。他会很直接地表达对女儿的爱，比方抱抱女儿，亲她一下；或者直接告诉她："孩子，爸爸真的很喜欢你。"他也经常发脾气，这些都影响着女儿，但她仍然深爱着她老爸，这从上面两个事件中可窥一斑。

而我后来也明白了，女儿给她爸爸准备这样一份特殊的生日礼物的内在含义，她想用这种方式推动着她爸爸的同胞手足，还有我跟他联结，她想让爸爸感到更多的来自亲人的支持和爱！她想让爸爸感受到家族系统的那份爱和力量。

不过，女儿的这番动作也让我知道了女儿的这份困扰。随后，我马上做了一件事，我抓了些小玩具做道具，在地毯上摆了爸爸家族成员的景象，让女儿懂得："虽然在现实生活中，爸爸离他的父母和家族很远，可是，他的爸爸妈妈把生命传给他，就给了他所有的力量、爱和支持。所以，爸爸虽然一个人在苏州，但在他的内在精神里，他的爸爸妈妈永远都陪伴着他。他的爸爸妈妈从来没有离开过他，所以爸爸是有力量、爱和支持的！”最后我又强调说，爸爸从不孤单，爸爸有他自己的爱的来源。

我讲的这些女儿也许听懂了，她点点头。我同时也让她看到，我虽然跟我的家人居住在一地，可我仍然有我独立的世界和空间。我在感受着父母的力量和爱的同时，跟爸爸一起创造了我们的核心家庭——我们的三口之家。

我让女儿看到爸爸身后有很多、很多代祖先也支持着他，妈妈也被很多、很多代祖先支持着，女儿站在我们前面，身后永远站着爸爸和妈妈。爸爸和妈妈既是接受力量和爱的后代，也是把所有这些力量和爱源源不断地传给她的人。爸爸妈妈可以用我们共同的爱和力量给你支持，不管你走到哪里，你都永远拥有力量和爱！了解到这些之后，女儿如释重负地呼了一口气。

那次所做的一切，我不知道对女儿有怎样的影响。当我和先生一起读信时，我讲了这个背景，先生感动得眼睛都湿润了。

中考之后，女儿回内蒙古老家去旅游，跟奶奶、姑姑们有了很亲密的接触。家人一起吃饭的时候，有人会开玩笑说：“你妈妈比你爸爸能干。”女儿马上脸色一变，即刻反驳说：“我爸爸也很能干。”她历数爸爸的很多功绩，似乎在捍卫爸爸的权利。奶奶和姑姑在旁边看到之后明白，女儿如此深爱着爸爸，她不允许任何人对爸爸有任何不恭敬的看法和做法。

她总是用她孩子的心，在向世界宣布：“我的爸爸是最好的爸爸，我的爸爸给了我最好的爱。我的爸爸是最好的，我才是最好的。”

所以，不管被爸爸训得多么委屈，只要碰到别人对爸爸的否定或是批评，女儿总是第一时间跳起来维护爸爸。这是女儿出于本能的对爸爸的爱和保护，也是女儿对于给予她营养、力量和支持的树根一样的爸爸，最好的表白和爱戴。我能感受他们父女间爱的动力。我知道他们父女间那份爱的联结，是任何人都无法撼动的。

我也同时感受到，孩子如此细心地去维护父母的威信和尊严，有时候超越了女儿的责任。女儿越是如此深爱我们，我们越需要自己活得独立、活得充满力量，这样才能让女儿有更多力量用在她自己的人生中，活好她自己！

第五章

给孩子空间，她就能创造奇迹

人不能停下来，因为世界不会停下来。

The human cannot stop down, because the world cannot stop down.

冉鑫安/译/绘

老社长的重托

从事社团工作，不仅让孩子养成了一种负责任的态度，也让他生出一种为人服务的使命感。

女儿当上她所在学校的环保社社长之后，有天放学回来，她拿给我环保社前任社长写给她的一封长信。这封信写得非常让人感动。秦社长在信中将这个社的创立和发展历史娓娓道来，还写了她的心愿，以及对女儿的嘱咐，并告诉她遇到什么情况怎么做，等等。这些真挚的话语让我不禁感动到流泪。从信中我也看出她对这个社发自内心的看重和在乎！孩子们对创业的第一次经历如此珍重，他们为此付出了多少心血可想而知！这样一种负责任的态度，也是对于他们未来的成长非常重要的素质呢。老社长还留下了1000多元钱，这是他们这届社团卖废纸余下的钱。她嘱咐女儿要把这钱花在刀刃上。哎呀，这是怎样一个严肃的使命交接啊！我嘱咐女儿放好这封信，也把她的嘱托珍存，千万不要辜负了老社长的心啊！

女儿说，这个环保社的同学很了不起，他们曾做过很大的事。前两年，校园旁边有个工厂，每到晚上就会闻到刺激性的气味，附近居民怀疑是这个工厂造成的空气污染，并通过相关途径向上级反映过，但没有结果。因为环保单位白天来上班时，查不到线索。学校环保社的几个同学就自

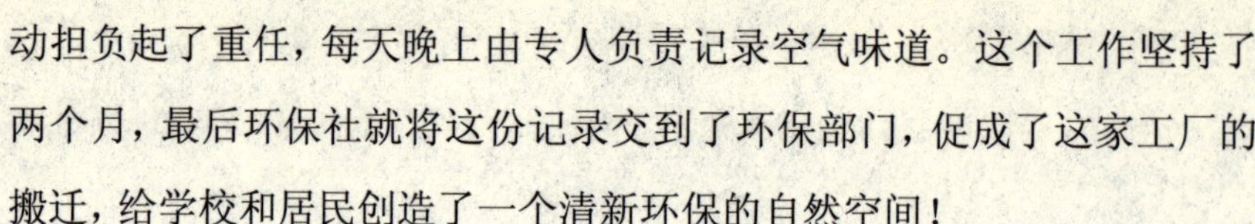

动担负起了重任，每天晚上由专人负责记录空气味道。这个工作坚持了两个月，最后环保社就将这份记录交到了环保部门，促成了这家工厂的搬迁，给学校和居民创造了一个清新环保的自然空间！

这些小孩子真是做了大事情！我们这些大人听了，都忍不住交口称赞。有个在新区做环保工作的朋友，更给了女儿极大的支持和肯定，说她在从事一件造福人类的伟大事业，是21世纪的朝阳产业，必将大有作为！女儿得到这些肯定，也更加眉飞色舞了。

我在想：看来这件事对她很有吸引力。自从上高一以来，她一直沉闷讷言，这次看来扬言“做人要低调”的她是要出山了。另外，我想这事跟她从小的梦想“到美国开农场”也有些关联，说不定她可以一直做下去呢。初一一入校她就做了动漫社长，虽然她竭力维持，但在条件诸多不允许的情况下，最后学会了“放弃也是一种选择”，从动漫社中退出了。

我还找到了老社长写给女儿的信，再读一次还是有很多感动。现在我就把它的原文照录下来，也算是一种记录吧！

尊敬的环保社第五任社长：

展信佳！

首先请允许我用“尊敬的”来称呼你，这并非做作或肉麻之语，而是出自内心的一种信任、尊重。因为在我当了社长后，我才了解到站在这个位置上是多么困难，也更明白对于敢站在并有能力很好地站在这个位置上的人应给予热烈的掌声。这掌声不仅是肯定你有所担当的责任感，也是作为你不断努力的动力，鞭策你继续前行。

一年前的今日，我亦是一名普通的社员，但对“环保”的热情却并不比任何人少。那时的环保社只是一个小小的社团，主要活动内容就是回收垃圾，因此许多人开玩笑地将之称为“垃圾社”，我和其他社员也曾被别人耻笑是“捡垃圾的”。但欣喜的是，我们都没有放弃，因为我们心中从不

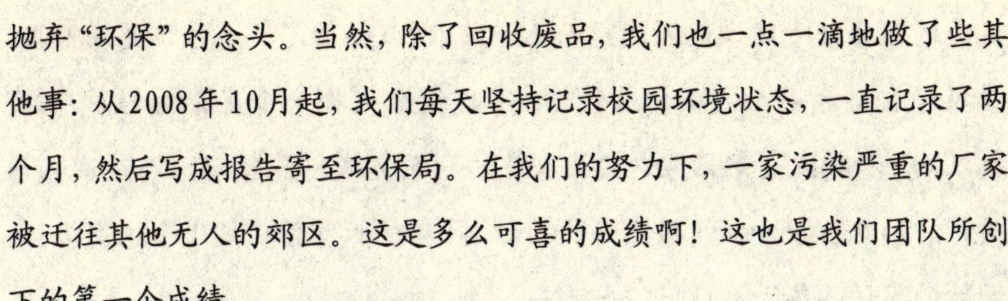

抛弃“环保”的念头。当然，除了回收废品，我们也一点一滴地做了些其他事：从2008年10月起，我们每天坚持记录校园环境状态，一直记录了两个月，然后写成报告寄至环保局。在我们的努力下，一家污染严重的厂家被迁往其他无人的郊区。这是多么可喜的成绩啊！这也是我们团队所创下的第一个成绩。

之后，我便接任了社长的位置。我们开展了许多活动，也加入了上海“根与芽”组织。

今年6月，也就是“世界环境日”前后，我们成功举办了“内蒙古百万植树计划”的筹款活动。6月5日，天下大雨，但我们社团却风雨无阻。我们一共筹集了3000多元，其中让我特别感动的不是一下子捐了300元的一位初中生，而是一位第三天（6月7日）即将参加高考的学生，他翻遍了所有口袋，掏出仅有的二元五角，全部捐赠于我们。原来，“环保”是如此温暖的。

这个学期，我们又成功开展了“绿色办公室”活动，并与校本部春雨生态社联谊出了“苏中特色景观”的影集，参加了“根与芽”十周年庆典。与德威联谊的“有机农场”也正在筹备中，还有“纸回收”活动……

我很庆幸，也很荣幸，把一个平凡的社团发展成一个拥有如此多财富的社团。当然，社团需要你和你的团队继续不断地努力。我在这里列举了许许多多成功的活动，是为了让你相信，只要你能创新并付出努力，就不会失败！

接下来说点具体的：

1. 作为社长，就要用自己个人的魅力带动其他社员的热情。不过，我相信，我们的社员都是因为一颗热爱环保的心而聚集在一起，团结奋斗的。

2. 关于“根与芽”的活动：

1）“有机农场”：原定于11月中下旬建大棚，但由于张校长与我们

这边的领导关于建设地点的观点不一致，所以拖后了。具体该建在哪里，费校长告诉我以后再告诉你。不过，建这个大棚一个星期就够了。“有机农场”和德威一起活动，相关人员的联系方式问张轶瑾。与德威沟通的话，可以先发E-mail与他们预约好，再在校长室旁边的小会议室进行。谢婧的英语不错，你们可以一起去。

2）“纸回收”：虽然有点理想化，但你们可以做一点适当调整，使之变得简单易操作。其实，怎样活动并不重要，也不一定要完全遵守“根与芽”教材，我认为最重要的是我们实实在在地做了一些环保的活动。

3）“环境评估”：具体可以问张轶瑾。

“根与芽”的具体内容可以寻求张轶瑾帮助，我不知道她几时选择下一任“根与芽”的组长，在这之前，她会负责整体计划、指导。

说实话，“根与芽”的活动不一定会有很好的环保效果，如何让更多的人参与到环保中，你需要思考一下。

3. 关于废瓶回收，你可以在夏天实行，具体你看吧。这项工作可能会涉及总务处老师，总管的是钱嘉琳老师，钱由陈英老师管，钥匙可以问奚新宁老师要。

总之，今后就要看你的啦！希望你们能在社团的舞台上好好展示，好好享受！

另外，再说一下现在社团的人员概况和其他：

1. 初中部我们只有4个成员，你看是否需要再招一些。

2. 少科班一共20多个同学，他们可以主要负责“有机农场”，他们班的负责人是谢婧和胡丁月。

3. 我们社现在一共1000多元的资金，下次再给你。你可以另找社团资金负责人，高一（2）班的倪则君和钱碧莹还不错。

4. 你以后要每两个星期传一个新闻给高三办公室的陈圆圆老师。这次去上海的新闻你也写一下，文字与图片分开放。

5. 我们学校网站上有一个社团博客链接，你也找个人负责更新。博客名：greenoe2008，密码（******）。

成为社长候选人

社团满足了孩子渴望尝试、体验生活等需求，也让他的潜力得以充分发挥！

今天女儿去上海参加“根与芽”环保组织交流活动了。蔡明校长带队，同行的多是园区校高一、高二的学生，还有本部的一些同学。晚上回来，她一脸兴奋和激动，把所有买回来的东西摊开来向我们炫耀：三根带根叶的鲜萝卜、两个环保布袋、几本杂志，以及两本本子（她是很会淘旧货的人，每次又都饶有兴趣地炫耀，我总是她最忠实的听众）。我们全家人，包括两个来访的客人，都非常给她面子，听她讲见闻，听她宣传那萝卜如何好，并且配合着切掉一个，大家分吃了。到了晚上，她悄悄地跟我说，一起同去的秦社长跟她说：“我马上就高二会考了，学习越来越紧，我一直在找接班人，我现在决定把这个担子交给你！”

她一脸平静，却也掩饰不住那份骄傲。我有些感动：这个过程有点让人觉得像交付重担一样庄严，孩子们还挺当真的呢。

从此她就更忙了，她似乎已走马上任做社长了。她常在网上查找与植物、环保、低碳有关的资料，并打印这些资料。为了省打印费，她会冒雨骑车到苏大门口以每页8分钱的价格去打印资料。她忙得不可开交，但是很开心、很兴奋。我和她爸爸在旁边看着，有时会心疼地提醒她，要学会交托，要学会管理，用人所长，把社员们的积极性调动起来……

学校要搞社团活动展示，女儿老早就在策划活动方案。她开始召集全体社员开会，然后给大家分工，安排每个人的任务。她一直在想怎样把环保社推出去，让低碳在校园里更广泛地实现。她的策划优势开始显现出来，想出一个又一个想法，“想得脑袋都要爆掉了，越想越兴奋，总想马上去做出来”。

她开始尝试把在我课堂上学到的一个“披肩秀”表演出来，不断地拿我当实验品，我也不断地给她意见，最后发现不合适，又不得不放弃。她学习用旧报纸缠一棵树，宣传环保，她让我帮她写一条横幅“做人，要低碳”，她一次次去买道具，为省一分一毛钱，宁可跑远路，现在她节约的美德全用上了。“因为这钱是大家的钱，不能有一分浪费！”她又开始操心去哪里借柜子，去找哪个老师才能有效……

她好像上紧发条一样，马不停蹄地活动着，她的大脑更是在高速运转着。她爸爸有时会脱口而出：“忙这些干吗？有精力还不如用在学习上！”我却非常支持她，我知道她就是渴望去尝试，渴望去体验生活，这个过程把她的潜力全调动出来了，不也是一种学习吗？她也不断地发现，怎样分工给初中学生，怎样分给高中学生，她会说不放心他们去做。我说：“是因为你很喜欢亲自做的体验过程，等到你经历过了，有了经验，就要给其他同学体验的机会。他们参加社团也是想学习新东西，也想证明自己的价值。当管理者和‘老大’就要‘帮助你手下的人成功’”。这些话也不知她听懂多少，也许听懂了，但还要她自己慢慢体会和做出来才有效。

放寒假了，女儿却变得更忙碌了，不过她的生活也更充实了。在寒假里，她要跟社团的成员联系，安排他们去为开学后建花房做准备。她安排某些同学买种子，某些同学带工具，自己则一次次地跑小商品市场和超市，做市场调查，买扫除工具和整理箱，等等。她又去皮市街的花鸟市场，买了郁金香花球和睡莲根茎，她一家家比价，算账，然后买下来，最后记账，忙得不亦乐乎。她一个人骑了电动车，到处去跑，家里堆了很多东西，我们也会帮她泡根茎，一个个用报纸包起来。她干这些事情总是特别来劲儿，不知疲惫。她的目标是按照蔡校长的建议，开学后把这些花种下去，等"三八"妇女节的时候，这些花就会长出来，到时再卖给同学，让同学去送给女教师。"啊，啊，那该是多么美妙啊，每个女老师都拿一枝我们种的花……"她常常陶醉在美妙的想象中，于是干起来就格外有劲儿！

整个假期，她在自己房间地面上铺了一张大大的画纸，有时间就去画上几笔。她第一次用如此的耐心和细心画画。她以前一直是画人物的，我从没见她画过花，不过这一次她画了很多花。她是在给开学后的花房画广告画，我欣喜地看到这个如花的女儿如此感性地画出藏在她内心的各种绚烂的花朵，菊花、玫瑰……好美好美，我每天去欣赏她画的花，也好像看到了她内心花一样美的世界。我想，这才像个女孩儿嘛，跟花在一起。

开学这天，我们帮她运了一个又一个箱子去学校，里面有扫除工具，花盆花瓶、种子、花苗、土、肥料……都不知她要怎样把这些东西安排好。她说学校特意为他们做了一个花房，他们要把花房打理好。

"三八"妇女节前，女儿打电话给我，让我去花店里询问各种不同花的价格，说要是有同学来买的话，她会批发一些到学校里，方便同学购买。我跑到单位附近的花店一样一样地问老板每种花的批发价和零售价，写在纸上，然后发短信息传给她。6日、7日两天我出差了，她一个人回家。8日周一，我打电话问她生意如何，她说没有人来订花，只有一个初中的小孩子来订了一枝康乃馨。"我去特意为她买了一枝，原价给了她，就算我帮她代买了，还外送了她一枝星星草。"她说得轻描淡写，我却忍不住大笑起来，她的第一笔生意就这样以她"代人服务"告终了。她没有多少失落，我却在这个过程中，感受到了她的负责任和守信用，她学到的无形的东西很多。

快到植树节，女儿说环保社与学校总务将合作种树。具体方案是：由环保社向各班发出倡议，每个班级每个同学出一元钱，共同认买小树，由学校总务处代买树种，并负责找花工种上。

女儿一回来就趴在电脑前写给同学的倡议书，字斟句酌地研究每句话。我也凑在旁边提些建议，有效的，她就采纳，无效的，她不仅弃而不用，还要评判几句。就这样，一封倡议书竟写了好久。此外，她还设计了好几份认领表格，做得蛮像回事的。

返校后，她在电话中跟我分享种树工作的开展情况。某一天她会很沮丧，感觉到各班反应很冷淡；某一天她又感觉很兴奋，因为有很多人都在积极投入这项工作。据说在认领现场，环保社的成员有的吆喝，有的收钱，有的记账。虽然有同学弄丢了钱，但大家还是很圆满地完成了任务，共收到了2000多元钱，认领了上百棵树。他们好有成就感啊！这届环保社已投入到“我为校园添绿色”活动中了！若干年后，那些长大的树也许还会记得，在这个乍暖还寒的早春里，在这群充满活力和激情的孩子的共同努力下，校园增添了一棵又一棵新绿！我也猜想到，校园现在的绿草地和绿树看似普通，说不定也曾有前几届环保社同学的贡献和故事呢！

有一天放假，女儿本该直接回来，但她却说要跟张中天一起去相城花木市场。张中天是上届花鸟社的社长，现在高二了。他一直钟情于弄花草，所以环保社交给女儿后，他也将他的花鸟社并了过来，但他不要再做社长，他只要求来做义工，能弄花草就好。他有很多想法，也懂很多植物养护的知识，而在这一块的知识上，女儿差不多是空白。所以他总是不放心女儿一个人弄，总要来帮忙，帮忙买东西。但男孩子毕竟是男孩子，张中天更多是在网上或市里的花鸟市场买，价格很贵，女儿很心疼。

后来，两人打听到相城区有花木城，就相约一起去买东西。两人不舍得打车，就坐公交车去。“那里好大啊，什么都有卖的，太多了！我们一样一样地询价，买了小花盆、花土，还有种子……太多东西了，拿都拿不动，我的力气还比他大，我拿的东西更多！”到最后，回来时又坐公交车，女儿实在拿不动了，难得求饶的女儿给她爸爸打电话，请爸爸开车去接她。于是开学返校时，车里又多了一大堆东西。

我们一直感叹，女儿是个有福气的家伙。在她对种植一无所知的情况下，她这个社长就开始带着一群人经营花房，而这时就有张中天这样的学长来帮她，和她一起做这项事业。这孩子没有任何功利心，只是因为喜欢这件事，因为喜欢跟自然打交道，就不计名利地来做默默无闻的工作，差不多是手把手地教她怎样播种，该什么时间浇水（刚开始时女儿会在大中午时浇水的），该怎样与总务处的老师联系，该怎样去申请一些学校可以提供的物资，免得再花钱去买……学校的花房是上几任同学申请和努力的结果，而现在她一上任，就用上了，就好像一切都是为她准备的。前人栽树，后人乘凉，真的在她身上具体体现了。

正式走马上任

社团不仅让孩子对生活有了更深的体验，也让他对这个世界也有了更加全面的认识！

进入环保社后，女儿已开始接手“回收学校废纸”机构的运作。他们把回收废纸的纸箱放在老师办公室和教学楼各楼层，并张贴了回收说明，请求同学和老师把废旧纸张扔到纸箱中，每天每个楼层有同学负责去收集，然后再统一倒在花房前的两个大垃圾桶里，集满后再去找收废

品的人来收。因为女儿觉得学校校工给的价格太低，所以四处去联系校外回收人员，还请物理老师帮忙看秤，帮着谈价钱。就这样，他们每周都会有些钱进来。女儿也会在每周六放假时忙个不停，要检查各楼层的回收情况，实在不行她就自己去跑。每天中午、傍晚她都在校园里跑来跑去，但她从不叫烦叫累，反而说："好充实啊！好忙啊！"

她说自己环保社长的角色已深入人心，在班级，哪个男生要是随便扔掉自己手中的塑料水瓶，就会有人提醒他："社长要生气的，快给她吧！"那男生就会把扔出去的瓶子再捡回来，然后送到女儿手中，女儿则会接过来放在座椅下面的袋子里。我问她："你为什么不自己过去捡来呢？"她一脸正色地说："这是不一样的，我自己去捡是捡垃圾，同学送过来是他们也有环保的观念，我们做的是环保，不是收废品！"

在宿舍，她从来不舍得先把热水打开，把浴室暖热再进去淋浴。同舍同学看到，也总是相互提醒："社长要生气的，不能浪费水电！"一张纸，一滴水，一度电，一个饮料瓶，都已成了女儿呵护的对象。她已养成习惯，不管走到哪里，一看到有扔掉的纸箱或书刊，就会本能地反应："这可以卖很多钱哪！"我戏称她为"垃圾女孩"，她正色说："这不一样的！捡垃圾的人是为了自己赚钱，可我们是出于环保的考虑，而且我们不是为自己赚钱，我们是给花房集资，我们还会把钱捐给红十字会。这是不同的。"我听了，对她的行为肃然起敬。

我明白了，也受了一次教育，明白了"环保"与"收废品"的区别：环保宣传的是一种观念、一种习惯，是一种对环境与自然的保护和热爱；而收捡废品只是初级的，想把废品换成钱，是为钱而做，在层次上是不同的。这样想来，孩子们为环保去做的这些工作，自然就有很高的价值，绝对不是"收废品"那么低级和简单。所以他们做得有礼有节，有工作的骄傲和成就感，从而可以影响到更多同学！

有天我跟女儿一起去小区里扔垃圾，打开垃圾箱，里面有一袋子影

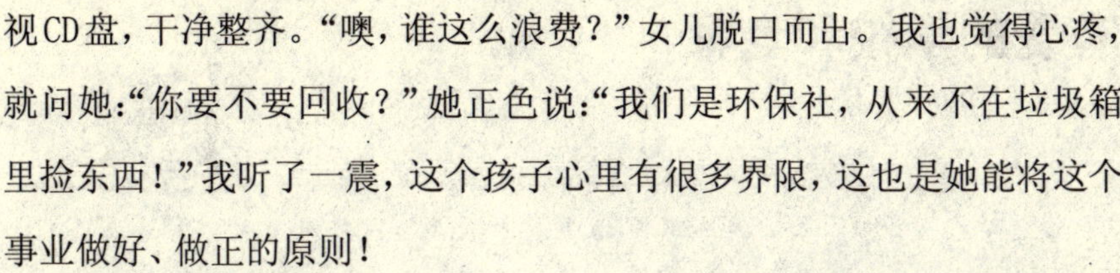

视CD盘，干净整齐。“噢，谁这么浪费？”女儿脱口而出。我也觉得心疼，就问她：“你要不要回收？”她正色说：“我们是环保社，从来不在垃圾箱里捡东西！”我听了一震，这个孩子心里有很多界限，这也是她能将这个事业做好、做正的原则！

我想起来，她上小学之前，环保的意识就很强，那时她哀叹周围的绿地越来越少，让从小长在森林里的我有些汗颜：为什么我们这代人，对周围自然的变化这么麻木呢？

他们还在蔡校长的支持下，把校图书馆积压的一部分旧书报拉过来，卖了笔好价钱呢。老师们也真的很宠这些孩子，给了他们这么多的呵护和空间，让他们做得风生水起！

我们一直提醒她：要分工明确，要让大家一起来工作，不能自己一个人忙，让大家都负责起来。她的机构好像发展得越来越好，并初具规模，正常运转了，他们有时可以卖一两百元，收入可观啊！

每周回来，女儿的任务就是去到处寻植物的种子，买种花工具，到菜市场水果摊跟老板买纸箱，拿回学校去装回收的废纸。她一人用电动车带回来，实在拿不动就放在小区保安室。每次回来都如数家珍般，兴奋地讲她如何谈价格，省了多少钱。这个买东西从来羞于讲价的家伙，现在变成了个小门槛精。“这是大家的钱，一分一厘都要花得仔细！”

她正是在这种调查市场和投资的游戏中体验生活，我们在旁看了也不禁感慨万千。

有爱的学校和老师

因为学校的支持和投入，因为老师的理解和宽容，孩子才能更投入地做社团工作，才能获得更多的自信！

这个可爱的学校，竟然会用如此大的投资为做游戏的孩子们建一个十余万元的花房，无论是水管的设置还是灯光的配置，都看得出学校是真的在认真对待和尊重孩子们所做的事。学校用认真的态度去面对孩子们，孩子们也非常认真地面对他们自己的事业、他们的成长！作为家长，我们感恩学校的信任和支持，感恩学校对孩子们的宽容和厚爱，正是这所学校独特的营养和环境，使孩子们得以健康地成长！

孩子每周回来都在电脑上忙个不停，熬到晚上10点多。我一再催她睡觉，她都欲罢不能。直到11点多才上楼来，她一脸疲惫地说："我在给社团拟写有关规章制度，太不容易了，我写得要吐血，不过现在基本完成了。我明天打印出来，报给总务处老师，说明我们也是有规章制度的。哈哈！"

第二天她又跑到图片社去做相关资料的写真，实在来不及了，只能让她爸爸帮她去取。

过了些天，她无意中说起上次写的社团资料交给总务处"老大"（是总务处主任吧，她昵称为"老大"），"老大"看了以后，赞不绝口，连连说："没想到，一个高一学生能写得这么好。"他忍不住去告诉了蔡明校长。从那以后，总务处更加全力支持他们的工作，只要有事去找老师，老师总会马上着手落实。比如收废品的纸箱子这个问题，当她跟"老大"反映后，很快得到解决，从此她不用从校外买了，只要去校园超市领就可以了。"老大"还会给孩子们一些建议，会提供很多信息，这让女儿非常感动，一直念叨那个“老大”的好！

女儿说，最近因为与总务处老师的关系处得好，老师们绝对支持他们。过去她总是羡慕张中天与总务处老师混得熟，借推车啊，领备用品啊，总是有求必应。现在她发现，只要自己去主动沟通，总务处老师对他们也越来越支持了。“可是，你知道我每次去求助，内心有多挣扎吗？上次我们想塑封些资料，图片社做很贵，我就想去总务处去做，结果封了没几张，卡壳了，坏了。我就非常抱歉地跟老师道歉，老师让我抱到物理老师处去修，我就一脸通红地去，问老师几天能修好，老师告诉了我时间。我还没来得及去取时，总务处老师催我了，我就又低头去找修的老师，老师告诉我已修好，我又抱回总务处……啊，你知道这多纠结吗？修个塑封机我跑了多少趟？每次见到老师都是一副低头认罪的样子，真的是难啊！”女儿一边比划，一边一口气说出这一大段话，我知道她真的是受到了挑战。

平时她就害羞，胆小，不愿主动跟人搭讪，更怕求人，而现在她却要硬着头皮去做这些，真的是难为她了。不过，这同时也锻炼了她的交往能力，因为她是社长，她没地方再逃，她要操这些心，所以她只能去面对，而老师们对她的客气和支持也真的成就了她的这种尝试，让她的信心不断增强。所以，虽然她一边在讲着难，一边还是有很多成就感和突破自我的兴奋流露出来。这是很好的成长机会啊！

我一边听她讲，一边给她肯定，夸她了不起，同时心中充满欣喜：女儿在为自己喜欢的事业不断接受挑战，不断成长，而且她是心甘情愿地接受这个锻炼的，这挺好的！

有一周我在外地讲课，女儿都是自己坐公交车回来。有一次她回来说，她没有坐公交车，是坐总务处“老大”的车子回来的。因为“老大”一直提议，去斜塘的种子市场看看，她就去约了老师，老师带了她一起到斜塘的种子市场去做调查。她说：“‘老大’真牛，他管总务，什么都懂，

领我去看了种子，买了种子。他跟那些卖东西的人谈起来，很从容的，很爽！”女儿一脸的佩服。我看到她又走了一步：懂得借力，愿意观察，向不同的人学习，她的胆量和力量又大了很多，开了眼界，也让她更自信了。真的感谢这位热心的老师，有这样一种耐心和陪伴，支持这个内向害羞的女孩子，看到更宽广的世界，谢谢你了，老师！

去年秋天的一个晚上，她按捺不住内心的喜悦，在电话里一迭声地说：“今天实在太开心了！太开心了！妈妈，你知道我们吃了什么吗？我们吃了南瓜饼、南瓜粥，还有煮南瓜。一大群人哪，吃得好开心啊！只要有人走过来，我们就请他们吃，每个人都很高兴的！有个初一的男孩子还说吃得撑了，今天都不用吃晚饭了！你知道厨房的师傅帮了我们多大忙吗？他们搭上了很多面粉和米，都没有要钱，因为总务处和学生处老师帮忙联系、说情，看在他们的面子上，厨房的师傅就帮我们弄好了！太够意思了！今天上午我们把东西送过去的，一个下午就搞好了！太开心了！我们还把园子里剩下的青菜都摘了下来，装了三袋子，送给了总务主任、戴校、蔡校，他们都好开心的，表示要更多地支持我们的工作……”

女儿在表达她的兴奋和喜悦，我也非常感动：就是这些在乎孩子们的老师、师傅，在保护着他们的热情和兴趣。对这些从小生活在高档品牌中，从不为生计发愁的孩子来说，吃个南瓜，实在是件微不足道的事，没什么大惊小怪的。可这个南瓜是孩子们自己种的，是他们一天天看着、一天天陪伴着长大的，这意义就完全不一样了！在种南瓜的过程中，他们亲近了自然，体验到“一分耕耘，一分收获”的艰辛和快乐；他们也感受到了大自然的丰富赐予，观察到一颗种子长成果实的过程，亲身体验到生命的周期。种南瓜的过程也是孩子们热心期待、辛苦付出的过程，他们将自己学到的各种知识运用到上面，有农学，有化学，有生物，有物理……孩子们既有各自的分工，也有互动，共同分享丰收果实的喜悦与得意……

所有这些，都是在宽容和理解孩子们的老师的支持下完成的。这些“孩子王”，懂得保护孩子们的热情与稚气，与他们一起分享丰收的喜悦与快乐，给孩子们出主意，还直接让厨房的师傅帮忙加工，让孩子们有了更大的被理解与被支持的惊喜！

孩子们已经有明年的新规划了。明年一开学，他们就开始在花房里实施新的种植计划，因为他们得到了充分的肯定，感受到了与自然亲近，亲手劳动的快乐与自豪！

我真的感动于孩子们的成长与收获，真的感恩于老师们的理解与宽容！有你们照顾，是孩子们的幸福！

这个宽容开放的学校就是这么支持这些孩子、支持这个事业的。这是多么大的一份信任和爱啊！作为父母，我们在骄傲的同时，更多的应是一份思考：我们可以为学校、为环保、为孩子做些什么呢？

丰富的社团活动和实践

在丰富的社团活动和实践中，孩子不仅体会到了幸福，更体会到了一种成就感。

● 吃自己做的青菜汉堡

昨天我去女儿学校，奉女儿之命买了很多食品，有汉堡面包、火腿肠、色拉酱、番茄酱等。虽然不知道她具体的打算，我还是非常纵容她经常地发号施令。只要她开出采购单，我就一一遵命跑到各处去买，然后大包小包带了去。我在内心里珍惜孩子们每一次的活动热情，觉得难得，

愿意为他们服务。

当天女儿就打来电话给我汇报活动情况了：花房里种的各种青菜都很大了，有生菜、小青菜、菠菜等。现在天冷了，长得慢了，有几个小同学提议做汉堡包和蔬菜卷，享受一次收获的快乐。女儿采纳了大家的意见，所以今天下午拔了菜，跑到老师办公室洗干净，那个最爱待在花房的初一男孩儿，就在花房里手持刀叉，给大家做起了汉堡包！

“大家好开心啊，几十个人凑过来，捧在手里，吃得好香！这样的活动很好，能吸引很多人过来，每个人都很高兴。”女儿兴奋地说。

“你们吃得很香还有一个原因，这是你们自己的劳动果实，吃自己种的菜，又是纯天然绿色的，当然香了！”我接着解读他们的心理状态。女儿连连承认说：“是的，是的，很有成就感的！这是我们吃过的最香的汉堡包了！”

知道这个活动让几十个孩子感到了幸福，让他们的人生中多了一次新的体验，我当然也很有成就感了！

● 上海“根与芽”活动

又到了一年一度上海“根与芽”活动时间。女儿早就开始筹划去上海的事，最后确定了参加人数，她让她爸爸提前帮同学买了火车票，然后一大早就离家去赶火车。

晚上女儿回来，是她爸爸去接的。一回到家，又是几大包东西，都是她淘的宝贝——英文书啊，各种小玩意啊，还有她带去的宣传资料！

她一脸兴奋地告诉我：“妈妈，我看到了珍·古道尔！她是个很慈善的老太太，很普通，但是很可亲，她的手里还一直抱一个毛绒猩猩玩具。我买了她的传记，还有她的亲笔签名呢！我们还邀请她和我们一起拍了照片呢！太兴奋了！这次活动是陆老师陪我们去的，她真的很爱护我们，总是提醒我们注意安全，鼓励我们去找机会和人交流。有老师在，感觉就是不一样。”

看她拍的照片，听她介绍每个宝贝的出处，听她讲在场里看到的新闻，听她说他们一直用英文介绍湿地和环保社。她自己先讲，其他社员在旁边听，后来又推动其他社员去讲。他们都在一点点地突破自己，都有很多收获和发现。

这是她第二次去上海，整个活动因为是她带动策划和管理的，所以她担负着更多的管理责任。与第一次的新奇相比，这一次她更沉着了，也更显得心里有数了。她积极发展新社员，也有意识地去物色新的社长。在几个人选中做着工作。真快啊，一眨眼一年就过去了。印象中她仿佛刚刚被选上社长，而今她却已经开始物色新社长、准备交班了。在她担任环保社长的这一年中，发生了很多故事，我想这些故事会深深地烙在女儿的生命中，成为她最珍贵的回忆。

这个年轻的“老”社长，真让我赞赏不已！

校园湿地活动

有一次，我和先生都在上海上课。下课后5点半了，女儿打来电话，问我姥爷家怎么走。她说姥爷做好饭让她去吃，她迷路了，车子还没有电了，而姥爷的电话又停机了，联系不上。麻烦的是，她6点还要去家门口接一个老外。因为有几个从上海过来的德国学生要参加他们学校组织的社团联谊活动，活动就在第二天。当晚那几个德国学生就会过来，而其中一个学生只带了护照的复印件，没带护照原本，不能住店。女儿便请这个学生来我们家住。她让这位德国学生从上海坐火车来苏州，直接打的到我们家门口，她就在家门口等她。眼看时间就要到了，女儿很着急。我建议她不要去姥爷家了，但她又担心姥爷白等。然后她说自己会想办法解决，就把电话放下了。

我心里很乱，感觉得到孩子的为难，她要照顾这么多人的心情，天

又黑了，真难为她了。可我没什么办法，只好让她自己先去处理了。

晚上，我拨了女儿的电话，她的口气轻松了很多。她告诉我，她去移动营业厅帮姥爷交了话费，给姥爷打了电话，然后又赶到家门口接了那个老外。女儿说："我都快急疯了，逼得我想出这个方法来。"我说："这也给你创造了一个激发你自己的潜力的机会呢！"我不断跟先生说，女儿太了不起了，她竟然想到了这个问题的第三个解决方法：给姥爷充话费！比我都强，这是一个三赢的方法！她太有潜力了！

女儿接到那个老外后，招待她到了家里，姥爷又过来给她们送来了吃的，还跟那个女孩子聊起了德国。女儿的阿姨在德国，她姥爷曾去德国看过，所以两个人很有话聊。这个女孩子在家里感觉很好，跟女儿也有很多交流。

第二天她们又打车去了宾馆，接上另外几个年轻人，到了学校，开始了湿地文化交流活动。

学校湿地博物馆是孩子们主要的参观场所，女儿组织环保社团做了周密的安排，包括接待、介绍、中饭，包括向学校请示汇报，发出邀请函（中英文对照，都是女儿自己弄出来的），与联谊学生的联系、交流等，都是孩子们自己做的。女儿是博物馆介绍的主讲，她用英文说这些已经变成习惯了，社员们都积极地参与，很多孩子感受很深，不止一个同学问她："社长，以后这样的活动还有吗？太刺激了！"

来参加联谊的同学也有很多收获，对这个学校、对这些学生有非常高的评价！学校湿地博物馆，又为孩子们创造了对外联系的空间，孩子们在做主人的同时，也锻炼了自己的综合能力！

晚上，女儿打电话给我："妈妈，终于结束了！太累了！本来下周还有个活动呢，可是我累得吃不消了，不想搞了。我想学习了，太想学习了！"

女儿这番话说得我眼泪差点掉下来：这就是孩子体验后的真实感

觉！她全身心地投入到活动中，在其中有了体验和收获，开始决定放权，学习管理，推动其他同学去做。这是她学习和体验之后学到的经验，有了今年的这份全力以赴，以后再参加类似的活动，她就会有一份超脱，更懂得管理。这就是她要经历的过程。

与此同时，她感受到学习的重要和自己对学习的渴望，当她历经这番辛苦之后，让自己回归课堂和课本，这不是别人要求可以达到的效果，是她自然的回归！

与越来越多不爱学习的孩子相比，当我听女儿说“我太想学习了，太爱学习了，每一门课我都喜欢，都很有意思”时，我真的无比欣慰！这么多年的学习，她虽然少有名列前茅的时候，但她对学习的兴趣和热爱始终不减，这是她发自内心的爱，是最宝贵的东西了！我开心她自己的自动回归，开心她对生物课、地理课、历史课的喜爱和陶醉，女儿如此喜爱学习，这就足够了！这也很难得！

平衡社团工作与学习

当父母信任孩子，帮助孩子学会管理时间和交托工作时，孩子是可以做到社团工作和学习两不误的。

高一下学期，学校开家长会，当我坐进教室时，感觉很新鲜，这还是女儿上高中后我第一次来她的班呢。上学期家长会因为我们出差在外，只能请一个朋友代开。

班主任滕老师对班级情况做了基本介绍后，接着数学、历史、物理、英语等几科老师一个个来介绍情况。每个家长手中都拿到一本《学生学业成绩等级记录册》，还有孩子自上高中以来历次重要考试的排名及分数。女儿上高中后，分数曲线的起伏变化，我早就料到了，因为她的数学学得不好，考到班级倒数第几，一下子就把总分拉下来了。当然我的心里不断在自责：平时对她关心太少了，每天只是在电话里听她报告自己的情绪变化，真的对她的学习帮不了忙。每次跟她说到数学，她总会岔开话题，我知道她内心是有压力的，也多次主动提出帮她请数学家教辅导她，但她一直坚持用自己的方法慢慢提高，不愿意让我帮忙。她说她知道自己数学没学好是因为做题太少，缺少练习。我猜她这学期忙于花房管理，一定更没时间做题目了。不过语文和英语的优势越来越明显了，这得力于她一直的积累和兴趣，同时也说明她虽然忙，但文科学习并没有因此受太大的影响。

我听了老师们的介绍，就很想跟每位老师沟通一下，这也确实是我太过失职的地方：我只是单一地信任和欣赏女儿，自己给予她力量的支持，却从来没有跟任何老师了解过孩子的学习情况，真算不上负责任的家长。所以我一个老师一个老师地去求教，老师们都对她做环保社的工作给予了高度肯定，同时乐于在学习上帮助女儿，并给予中肯的建议。数学老师王伟一再表示愿意给她多些提醒和辅导，只要女儿来找她。班主任老师也语重心长地提醒我，引导她面对现实，找到有效的解决方法，不能逃避，越逃避越被动。这些老师真的太人性化、太宽容了，如此支持孩子们的业余活动，如此关心孩子的学习，让我很感动，也让我心安了很多。

带着老师们的建议我回到家，跟女儿做了一次建设性的谈话。她也确实认识到自己的精力较多放在社团上，有些分身无力，导致投入在理科学习上的时间少了。她表示接下来要学会放权，处理好“主业”与“副业”的关系。她受到了老师们的鼓励，自然更有信心了，我只是从旁督促她在行动上改变。

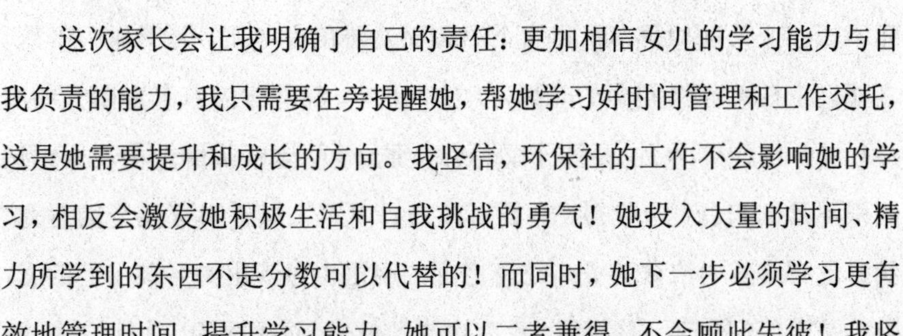

这次家长会让我明确了自己的责任：更加相信女儿的学习能力与自我负责的能力，我只需要在旁提醒她，帮她学习好时间管理和工作交托，这是她需要提升和成长的方向。我坚信，环保社的工作不会影响她的学习，相反会激发她积极生活和自我挑战的勇气！她投入大量的时间、精力所学到的东西不是分数可以代替的！而同时，她下一步必须学习更有效地管理时间，提升学习能力，她可以二者兼得，不会顾此失彼！我坚定地站在女儿身后，支持女儿在环保、学习方面取得双丰收！

高二上学期的家长会，我因在上海讲课，又请一个朋友代开。朋友开完家长会，打电话给我，告诉我女儿上台领了两次奖，分别是学科竞赛奖和英语演讲比赛奖。她用羡慕的口气说："你怎么教育的孩子啊，成天不在家，也不管她，她还有这么好的成绩。不像我们，天天陪着孩子，孩子还是不争气。"我说："唉，你不知道，我心里也很内疚啊。我不能像其他妈妈那样尽责，只能通过电话跟她联系。不过，只要我在家里，我就全身心陪她，多跟她交流。我们交流的话题很开放，我希望借此能了解她内心的状态。这也算是对她的补偿吧。"

虽说这样做了，我还是经常会内疚，虽然女儿一直说她能照顾自己，越大她越希望自己一个人在家。她还跟我说，她的同学听说她一个人在家，非常羡慕。可我还是放心不下，每天通过电话与她聊聊，跟她多些沟通。因为我常会佩服她，发现她了不起的地方，所以很少去要求她什么，改变她什么，给她选择的机会和时间，让她自己做决定。我相信她内在的智慧和力量让她在某些方面已经超过了我，所以就更信任她了。生活上也难得细心照顾她，让她自己填饱肚子，自得其乐。

不管怎么说，我还是决定这次回去后看看陆老师，她对孩子太好了，比我这个当妈妈的还有爱和耐性，我要当面感谢她！陆老师临时调课在办公室等我。我很不好意思，女儿分班半年了，我竟然还不认识陆老师。我一直只是在短信中跟老师交流，所以即使她从我面前经过，我也是过

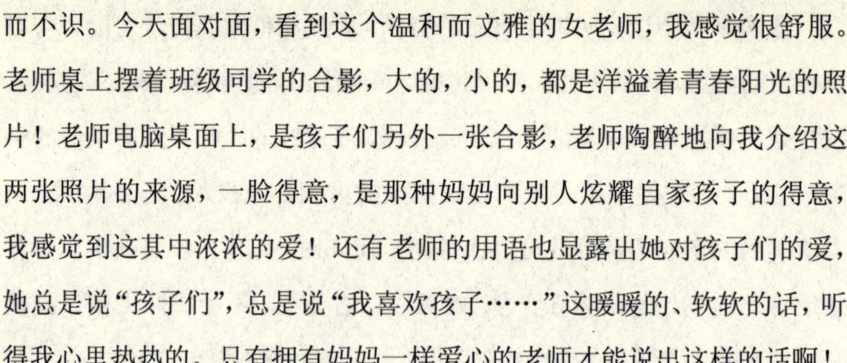

而不识。今天面对面，看到这个温和而文雅的女老师，我感觉很舒服。老师桌上摆着班级同学的合影，大的，小的，都是洋溢着青春阳光的照片！老师电脑桌面上，是孩子们另外一张合影，老师陶醉地向我介绍这两张照片的来源，一脸得意，是那种妈妈向别人炫耀自家孩子的得意，我感觉到这其中浓浓的爱！还有老师的用语也显露出她对孩子们的爱，她总是说“孩子们”，总是说“我喜欢孩子……”这暖暖的、软软的话，听得我心里热热的。只有拥有妈妈一样爱心的老师才能说出这样的话啊！

这实在是一次太与众不同的见面，听不到老师这个那个地告状，听不到老师一本正经、没人情味地汇报孩子的分数名次。她就像和我聊家常一样分享着孩子的情况，化解了我这个不称职的妈妈面对孩子问题的尴尬，也化解了我在老师面前的紧张。我只听到老师不断讲孩子的优点，我也忍不住内心感到喜悦。而实际我心里也明白，孩子真的有许多要成长的地方，但这个宽容的、有爱的老师就是这样欣赏着她，给她空间，也给了我这个做妈妈的更多的信心和尊严！

在学校里工作许多年，我看了太多幕家长见老师的情景：讨好的、赔不是的、赔笑脸的、流泪的、无力的、无奈的、气急败坏的、与老师起冲突的……做家长这么多年，很少见老师，更多的是在家长会上听老师说“希望”“不足”，激起自己的暗自比较和自责……只有此时，我才感觉到老师“爱”的温暖，心里柔软一片。老师的肯定和鼓励让我满心喜悦，也给了我信心，让我更加爱孩子、爱自己！

我真的觉得女儿幸运，有这样一个善解人意的老师，在她关键的年龄陪伴着她！我也觉得自己幸运，有这样一位内心充满爱的老师关爱我的女儿，让我感觉到被支持、被肯定！

谢谢你，陆老师！你让我的教师经历中增添了特殊的形象记忆，你让我做妈妈的经历中增添了很重很重的温暖光彩！感受到你对所有孩子那份源源不断的爱，我也更爱我的女儿了！

小小的工作，大大的改变

孩子做的那些社团工作并非游戏，它是孩子改变自我，逐步累积社会经验的一种重要方式，是孩子找寻人生方向的一个重要指导！

● 变化一：开始主动沟通了！

女儿做社团工作以来，我感觉到她内在的许多变化。

最大的变化是，她爱跟别人主动沟通了！

虽然女儿看似很有力量，也很阳光，但她其实挺不愿意与人沟通和交流的。跟她一起买东西，她都要我出面，有什么要求，也不愿意提。她内心有很多设限，有时又不耐烦，觉得她的话别人听不懂，常常话说到一半，看别人不懂，干脆就懒得再说了。不过最近她不断向我报告她主动与人沟通的信息。

她说会与学校校工师傅聊天。学校校工总是默默无闻地做事，很少有同学看他们。她看到校工会主动冲他们笑笑，而校工也总是回以笑容。那天学校负责收废纸的校工来找她谈回收废品的事，她主动与他攀谈，那校工竟然非常开心地与她聊了很多，说到北方人的特点与苏州人的不同。“不知不觉间，他跟我用起了‘咱们北方人’这个称呼，好像我们已成了一家人，再也不像以前跟他沟通那么难了。”女儿开心地跟我讲述这个过程。

还有一天，在外语课上，她主动与外教打招呼，说自己想跟他练口语。那外教很开心，两人聊了很多。当聊到女儿最近开始感兴趣的英国上个世纪40年代的怀旧古典音乐时，那外教竟然兴奋地哼唱起来，两人聊得非常投机，好似觅得知音一般。女儿很兴奋地告诉我，她自己喜欢的音

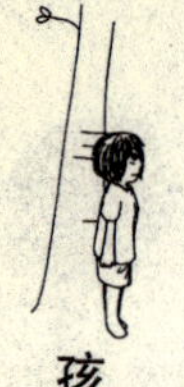

乐总是“小众”的，很难找到聊得来的人。那个外教意外地发现女儿喜欢的音乐也正是他喜欢的，惊喜不已，还兴奋地问她是从哪来了解到这种音乐的，并非常支持她的音乐探索活动。

当女儿开始更广泛地沟通时，我也领略到了更丰富多彩的世界。环保社打开了女儿主动与外界沟通和连接的管道，让她变得更自信、更放松、更主动、更有主见！

● 变化二：摸索一个自我生存的有效模式

女儿说，学校有位老师好奇地来看花房，同时问到回收小组与花房的关系，然后那个老师用很精辟的一句话做了总结：“噢，你们是用回收小组养活花房啊！”女儿非常接受这个老师的概括。她说：“我们就是走的这条路，回收废纸赚了钱去养活花房，这样既做到了环保又尝试了创业，还为学校增添了一块绿色，更为越来越多的同学提供了一个亲近土地、亲近自然的机会，这样很好啊！”

我越来越明白了其中的关系，也感觉到这是非常好的一种探索：从女儿身上可以看到，她在宣传环保理念时，也将这一理念付诸具体的行动。她把很多同学带到这个事业中，把一张纸、一滴水、一个瓶子的节约都变成一种习惯。而同时，他们在卖废品时，会去寻找更公道的买家，以获取更多的回报，又把这些回报用于学校的绿化、花房的建设，包括为红十字会捐款。他们在学习成本控制，学习自负盈亏，学习做公益事业，还锻炼了理财、创业能力。社团有自己的财务制度，有同学专门负责管理现金、记账，还有一个简洁有效的财务报销制度，卖废品的钱会及时上交，每一笔支出都尽可能节约。女儿会教育同学要“货比三家”，做市场调查、询价。这些从小出手大方的孩子开始按照商业规律学习“过紧日子”，“这钱是大家的，是学校的，不可以乱花。”这是女儿一直挂在嘴边的话。

有一次她留校，看到学校在装修博物馆，扔了很多空调的外包装纸箱，她如获至宝地跑过去，跟施工单位打了招呼，捡回了好几个，乐得合不拢嘴，因为她知道这次又可节约很多买纸箱的钱了。当她这样做时，非常开心，非常有成就感："因为我们不是为自己赚钱。"我明白她心里的想法是：这样计算也好，节约也好，不是为个人谋利，而是在尝试进行一种生存和创业的实验，是在做着一项宏伟的事业，完成一项顺应人类历史潮流的使命，那就是爱护地球，学习用最简单、最健康的方式生存下去！

● **变化三：低调不成，一不小心成了"名人"**

自从做了环保社的工作，女儿说她的时间总是不够用，在学校里她总是跑着走路，一有空闲她就待在花房里，一待就忘了时间。时间过得好快啊，有那么多的事情要去做。"我都害怕去花房，时间一眨眼就过去了。"每周回家的一天，她也不休息，反而更加忙碌，不是在电脑上查找资料、做文字处理工作，就是去市场或超市买些必需品，这些都让她本来匆忙的周末更加充实。看她忙碌的身影，我们总是心疼地提醒她要照顾好身体。我感觉孩子做自己喜欢做又适合做的事情时，被激发出了很多潜力和创造力，这也是对她的一种新鲜刺激。我一直觉得她是一个能量挺大的孩子，对很多事都有自己独到的看法。她总是要先找到事情的意义和价值，才会说服自己用全部精力去投入、去做。现在她就用这件很有意义的事情让自己每天体验着生活的变化和丰富，在看似封闭单调的学习生活中，增添了很多的调料和味道。

与此同时，也有越来越多的同学加入这个社团。他们被这个生机勃勃的团队吸引着，有的同学甚至想从其他社团转过来，有的同学干脆就利用空闲时间来了。她的社团里有初中同学，也有高一高二的同学，有男生，也有女生。他们来到花房就好奇地东瞧西看，然后就申请做些什么，

浇水、移盆、间苗……有的同学甚至直接用手去挖土，种下秧苗，不嫌脏也不吵累，做得很开心。也常有老师来花房转转，给孩子们提些建议；有位老师走进暖房，还顺手摘了一片薄荷叶子，放在嘴里嚼嚼，连口称赞："不错，不错。"然后主动提出借本种番茄的书给她；学校领导也会经常来看看，蔡明校长总有很多具体的指导和建议；外面的参观团会慕名而来，到花房来取经……

这样的故事实在太多，不管大人们如何看这个还显空旷的花房，孩子们亲自体验了它从无到有，每天每天的变化。他们如数家珍地报出每盆花草的来源和故事，他们欣喜地看到萝卜长出了块状的根茎；他们亲自见证了生物书、化学书上的理论，在现实中活生生地呈现；他们学会了珍惜，也学会了放弃；他们了解了"温室"与"放养"的不同，体验到太过周到的爱和保护如何伤害一株幼苗。当天气越来越热时，他们把所有的植物都搬到园子里来了，他们终于舍得把这些幼苗放在大自然中了，自然的风吹雨打，能帮助幼苗更有力量地成长。

这些意义，真的已超过花房本身了。在孩子们青春的记忆中，是多么难得的体验和经历。我又想起王蒙的《青春万岁》里的序诗：

所有的日子，
所有的日子都来吧，
让我编织你们，
用青春的金线和幸福的璎珞编织你们。
有那小船上的歌笑，月下校园的欢舞，
细雨蒙蒙里踏青，初雪的早晨行军，
还有热烈的争论，跃动的、温暖的心……
是转眼过去了的日子，也是充满遐想的日子，
纷纷的心愿迷离，像春天的雨，

我们有时间，有力量，有燃烧的信念，
我们渴望生活，渴望在天上飞。
是单纯的日子，也是多变的日子，
浩大的世界，样样叫我们好奇，
从来都兴高采烈，从来不淡漠，
眼泪，欢笑，深思，全是第一次。
所有的日子都去吧，都去吧，
在生活中我快乐地向前，
多沉重的担子，我不会发软，
多严峻的战斗，我不会丢脸；
有一天，擦完了枪，擦完了机器，擦完了汗，
我想念你们，招呼你们，
并且怀着骄傲，注视你们！

这是我非常喜欢的一首诗，曾经推荐给女儿，她在初中毕业典礼上朗诵过。当我和女儿一起参观她的花房时，我又情不自禁地想到这首诗，不知不觉地吟诵出来。我甚至感觉到，女儿是在用这样的方式体验人生，抒写青春，用我们当年所没有的条件和机会。我只有惊喜，只有祝福，只有陪伴。

一直以"做人要低调"自警的女儿，却无论如何也低调不成了，她全身心的投入，已让这个环保社的名气越来越响，有越来越多的人被吸引来，越来越多的人在关心他们，关心这个事业。当她听说每科老师都肯定她做的这件事时，她连说："糟了，糟了，我不想让他们知道啊，他们怎么都知道了呢？"我又一次提醒她，不要硬是忍着不让自己把力量发挥出来，这也是一种浪费啊，就接受自己现在的状态吧，她不置可否。她身上有很多东西超越了我，比如这份自足的充实感。她做事只在乎自己投入去做的感觉，不

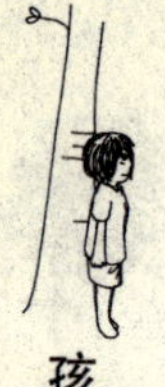

为也不想得到什么肯定，她会给自己充分的自我肯定，这是她内在自信饱满的表现啊！我自叹不如。

女儿说，她想给花房取名，用一首歌的名字——“磁石”，并不是跟物理有关，只是借此描述它在学校里受欢迎的程度，并且预示着它越来越有生命力和吸引力。

我眼前出现了一幅画，这个茶色玻璃棕色框架的小屋，像一块巨大的磁石在旋转着，吸引着越来越多的能量，辐射出越来越大的能量场……

花房的“家庭顾问团”

孩子从事社团工作少不了父母和亲人的支持，这会赋予他更大的热忱，让他在工作中学得更多的知识和经验。

差不多从参加了环保社、弄了花房之后，女儿就难得按时休息、回家，她总是在花房待到挺晚。我们一直忙，也没有时间照顾她。这一周我有空，我来送她，她问我要不要看看花房，我说好啊，同时脑中出现了一个茅草屋或者塑料大棚一样简陋的花房形象。我心里想：“能有什么好看的呢？”我跟着她绕到楼后去，当她指了眼前这座现代风格的“房子”给我看时，我都惊呆了：“这就是你们的花房？这么气派，这么大！”

这座花房是用铝合金框架做成的，并安装了全茶色单向玻璃，看起来很现代化！与它北面相邻的就是一个十几平方米的木篱笆围成的露天小院。好气派啊，又有暖房，又有天然的园子，就这样安静地待在校园西侧，靠近德威国际学校东院墙的地方，不说的话还真的不知道呢。

走近篱笆小院，女儿娴熟地打开外面的一道锁，带我走进去。土地上还感受得到早春的料峭，所以只看得到黑色的泥土，还有些稀疏的杂草。打开房门，里面有一个师傅在装水管，水管排了上下两层，每层都有好几个水龙头。我正好奇装这么多水龙头干吗使呢，女儿就开始很专业地给我示范并讲解："这是喷雾，这是喷灌。"噢，这里竟然这么好玩！

门口摆了女儿买的扫除工具，左右就是两排三层的搁架，架上摆着很多花盆，大大小小，还有些一次性纸杯，里面都种着植物，纸杯上还贴着标签，写着所种植物的名字、班级、同学名字等。原来这些植物是来自全国各地的同学在假期返回学校时带回来捐给花房的。里面还有些大的塑料收纳箱，种的是白菜或萝卜，有些小苗都长出来了，密密的，单薄而细嫩；有些还没有长出东西，女儿告诉我其中一箱是芝麻，还有些是蚕豆、油菜、西红柿……她开学前买的郁金香球、睡莲球都种在水里。我问她从哪里搞来这么多种子，她说是动员同学回家带来的。因为第一年招生的学校少科班同学是从全国各地来的，所以这些种子真的是来自五湖四海呢。

靠门前的架子上还放着很多照片和资料夹，是社团活动的照片、女儿查找的环保资料、社团人员分工及职责等，还有女儿喜欢看的一本书《生存手册》。这个花房里的陈设算得上井井有条。走进花房，女儿还自然而然地拿起一块抹布，把架上、地面的水擦净。干得那么娴熟，完全不似在家里那般面对家务"与我无关"的态度！我有些惊讶地观察着这个房间，观察着平静自若的女儿，觉得太新奇了，怎么像换了个人一样。现在的她，看起来像个大人，一副"当家做主"的主人翁形象！

女儿轻车熟路，把东西摆来放去，很是自如。我甚至都觉得帮不上什么忙，还总是问这问那，毛手毛脚，倒显得幼稚和无知。一会儿工夫，就到了上晚自习的时间了，我催她去上课，她说："怪奇怪的，不知不觉就在花房里待了半小时，所以我都不太敢来这里了。"

我强烈动员女儿请姥爷做顾问，帮忙看一下花房。因为凭我只种过白菜土豆的经验来看，他们花房有很多植物还是需要专业指导的。比如，播种时，土是否要按紧；密的苗是不是要间掉些，怎么间苗；是不是要经常开窗通风以利于苗的成长；等等。我不敢随便说，因为女儿太宝贝那些小苗苗了，不舍得开窗通风。我告诉她，这是温室里的花朵，长不好的，可她不信服。因此，我便建议她请从小在农村种地的姥爷来指导一下，女儿接受了建议。所以在我们出差的那个周末，她姥爷去给她送东西时，顺便去她的花房看了看。女儿无比开心地迎接了姥爷，向他炫耀自己的宝贝，姥爷也提了很多建议，还帮忙拔了一些太密的苗苗。“就是让孩子们种着玩玩吧，看看植物的生长过程。”70岁的姥爷倒是很开明地看待孩子们的这项伟大工程。

隔了几周，孩子的爸爸终于有空了，跟我一起送孩子时，我建议他去看看花房。先生不以为然地跟我们走到花房前时，也是惊喜地瞪大了眼睛，嘴里不停赞叹着把花房里里外外看了个够，同时又提出了很多建议，比如要起个名字，做个标志啊，要把社团同学的照片贴出来啊，还有分工啊，规章制度啊，还有育苗的知识，植物的介绍啊，等等。对于她弄的那些宣传资料，她爸爸也建议她做成海报张贴出来，这样就更有氛围了，也更能起到“宣传普及”环保的作用。爸爸果然就是不一样，女儿很服气地点头称是。

我们看着女儿又开始埋头忙起来，她还安排我们干活，一会儿浇水，一会儿倒土，我们倒也乐此不疲。我们这样就好像一家人在做一件好玩的事，而女儿在做一件很伟大的事。我心里有很多感动：她在学习陪伴，陪伴这些绿色生命的孕育和成长；她在学习负责任，为这些娇嫩而顽强的生命负责任；她在学习体验，体验做自己喜欢的事的过程；她在学习管理，让来自不同年级不同班级的同学分工管理共同完成这个事业；她在学习沟通，怎样把她心里的设想告诉给更多的人，让他们明白，并跟随她一起去做；她在学习第一次创业，学习第一次投资，学习有关成本的概念，体验付出与收取的关系，学习关于生物、植物养护的知识。她就在这个安静的空间里吸收营养，也在这个空间中跟小苗苗一起成长！

我满心欢喜，满心感激，对这个开放的学校，对这个自由的空间，对这块春天的土地，我有无限深的感恩……不只因为我是孩子的母亲，还因为我有一颗太易感觉到生命美丽的敏感的心。“为什么我的眼里常含泪水？因为我对这土地爱得深沉……”艾青的这句诗又跳到了我的心里。

有了与学长去相城花木城购物的经验后，女儿总会不自觉地说起那里物资的丰富，直到她实在忍不住，让爸爸把她直接带到花木城。她怕爸爸嫌远，不断地说快到了、快到了，直到开到，爸爸才发现好远啊，都惊讶上次他们怎么找来的。这次她做向导，带爸爸到处去看，并且请爸爸帮忙去买花土。她爸爸从开始拒绝花钱买土，到最后跟卖土的人套近乎，直到人家以较低价钱卖给他一袋土。女儿在一旁看着，开心得不得了，对爸爸的公关水平佩服得五体投地，她第一次发现爸爸的这项才能。她在旁观察爸爸如何与人沟通，看到了爸爸智慧和能干的一面，她内心里爸爸的形象顿时变得更加高大了。

当社长的回顾与反思

在社团中，孩子的身心得到了放松，也能主动去学习了，它是孩子与生活、生命连接的桥梁！

女儿高二上学期时，在一年的最后一天，我把女儿接回来，带她去吃了一顿“大餐”，然后全家人一起去超市。在路上，我们抢着分享这一周的见闻。

我一边逛，一边听女儿说。她说：“自从上周买了新衣服、剪了这个发型、进了高二文科班、加入环保社后，我觉得每天都很快乐！”

“是啊，我也觉得你进入环保社之后，有了极大的变化。我还记得刚上高一时滕老师说你太紧了、太闷了，像从乡下来的孩子，一点都不像苏州孩子。以前你不爱讲话，买东西从来不好意思开口讲价，遇事总把我推到前面去。现在你完全不同了，这么大方、主动，还充满热情，我看着都高兴。”我说。

“是的，高一时的物理让我学得太有挫败感了，我花了很多精力却没有效果，那时我实在太压抑了。那天张中天看到我在招待外国孩子，做湿地博物馆讲解，还跟我说：‘你成长得真快，看你现在的样子我很开心！’他帮了我很多，我还记得我们第一次社团活动，他找了一个同学，让他陪陪我，因为我这个人不肯讲话的。他一直都给予我很大帮助。我现在也在帮新社员，继任的社长也是个高一女孩儿，她也不爱讲话的。我就像张中天帮我一样带带她，有活动就指导她，推动她主动去与领导交流，教她怎么去跟别人介绍等。我觉得这样做，我们这个社团才会发展得越来越好！等到他们可以独立做了，我才退下来。”

听孩子这样说，我心里很激动。这也是一种年末反思和总结啊，在不经意中，我们就已经完成了。女儿真的在环保社中有了快速的成长，从那个沉默的、爱害羞的小女孩儿成长为主动的、有系统思维的、有传承意识的大孩子。这一切的变化，都是因为这个宽松的环境，因为老师们的爱与宽容，因为学长们的带动与榜样。在这短短一年的“任职时间”里，孩子在学长的带领下，也学会把这些好的传统传递下去。这是一个社长的成长过程，又何尝不是生命的延续与传承的过程呢？

短短一年，种子从种下到长成果实；短短一年，从接任校园里的学生社团社长到离任；这短暂而又浓缩的生命周期，蕴含了多少丰富的人生哲理与经验！实实在在的，看得见摸得着的，是植物的花和果，是自然的更迭；看不见摸不着的，是孩子们每天在环境中浸染，精神的丰富与成长，内在力量的强大与升腾！我感受得到女儿的喜悦与快乐，我更感受得到作为妈妈的欣慰与幸福！

“就是要多组织吃青菜、吃南瓜这样的活动，这样可以吸引很多人来，也可以让社员们有成就感和自豪感。同学们都是很认真地在做这些工作的，初一的那个小男孩儿，每天都会到花房来，默默无闻地搞卫生、锄草、喂小老鼠，很认真的。我们只要坚持把回收的事做好，就会一直让花房充满绿色的。”女儿还在总结和思考明年的工作，我感觉到她的成熟，更加认真地对她说：“我同意你，支持你！”

尽管明年3月要会考，尽管她的学习压力越来越大，我仍非常开心地支持她继续做这些事，因为这个过程也是她学习和成长的过程，是她高中生活更重要的一部分，是她与生活、生命连接的部分，也是她放松自己身心、感受生命更高意义的部分，这些是分数与名次不能给予的。完成了这些成长，只会促进她更主动自觉地学习，我相信她一定会有好成绩的，我愿意支持女儿用这样的方式成长和生活！

第六章

妈妈才是
那个需要改变的人

我们不能要求世界完美，但是我们可以取得自己的一份成功快乐，纵使它是不完美的。

We cannot demand the world to be perfect, but we can have our own success and happiness in spite of this world being not perfect.

冉鑫安/译/绘

妈妈是最好的，孩子就是最好的

孩子是父母的天使，他能够推动父母更好地体验生命成长的美妙。

本来我一直以为自己最懂教育女儿，也以为自己最适合教育女儿，因为我有那么多的理论，也有那么迫切的一颗心：想做得比我妈妈好，不想让女儿重复我小时候的伤痛。所以，当我按书上的教育理论去教育女儿时，我一直很自信。女儿5岁时，我把她放在同学家里小住了几天，当她跟同龄的潘天在一起玩时，我的同学，潘天的妈妈，看到了很多我没有看到的东西。

当我从外地赶回来时，潘天的妈妈很认真地问我："你对女儿的管教是不是太严了？"原来在女儿小住的这几天，潘天的妈妈发现女儿在跟潘天玩的时候，显得很紧张，还有每当她拿出好吃的东西给女儿时，女儿的第一反应总是"不要"，但又眼巴巴地看着，当再把这吃的拿给她时，她会一边吃一边说："不要告诉我妈妈哦。"

潘天妈妈说："跟潘天比起来，她显得太懂事，不像一个5岁的小孩子。"我知道女儿感冒、发烧还没好，又来到一个陌生的家庭，爸妈又不在身边，潘天跟她年龄相仿，孩子的紧张是可以理解的；而女儿表现出超年龄的克制却让我警醒：我是不是忽略了这么大孩子的需要，给她太

多要求和限制，让她很难做到身心合一和放松？

老同学的这份提醒，对我犹如棒喝。这还是第一次有人从旁观者的角度，提醒我教育的局限和不足，也是第一次提醒我反思自己的教育。我听进了她的提醒，开始反思自己的言行。尽管我内心有那么强烈的想做得比妈妈好的动力，但我却在不知不觉中复制了妈妈对我的教育方式。表面看起来我比妈妈要民主得多，对女儿很宽松，但我骨子里仍有很多深层的信念控制着我的行为。比如“孩子不能惯”，“小女孩儿不要太注重外表，讲究穿衣打扮的孩子，会没有心思学习”，等等，这些信念让我对待女儿过分严厉，对她有很多要求，给她立下很多规则。

就这样，我在不知不觉中，复制着妈妈的教育方法。当然，这其中也是爱，可并不是理智的爱，是一份无意识中被控制的信念的循环，是我不接受妈妈的教育方式而产生的补偿心理，我陷入了想超越却被动模仿的矛盾旋涡里。

反思让我开始从客观的角度去观察女儿，观察我和女儿的互动，我在她的紧张、尴尬中看到自己的影子。我在教育女儿时，更像妈妈对待童年的自己。我似乎并不是一个妈妈，而是一个受伤的小女孩儿，带着怨气，赌着气照顾另一个正在长大的小女孩儿。我在她的眼中读到了紧张和害怕。这些发现让我开始焦虑，我看到了这些现象背后隐藏的东西，可我不知道该如何办。焦虑越多，越容易关注孩子的缺点和不足，而我又无力改变，这又会增加我的焦虑和压力，不知不觉间，我进入了一个恶性循环。

2002年2月，当我听到在内蒙古老家的妈妈已经病危，不知道还能活多久时，我急了，我还没来得及照顾她、让她享福，我不能接受这个现实。

当时先生在外地工作，能陪女儿的只有暂住在家里的堂姐夫。我用最快的速度买好车票，简单收拾一下，就把孩子托给姐夫照顾，自己回家探望妈妈。那时我心里只有一个声音:“我要照顾妈妈，请妈妈给我留一些时间，哪怕为她洗一次脸，擦一次背，一定要给我一些时间！”

坐在火车上，满脑子都是混乱的想法。到了晚上，女儿打电话来，这时已经10点多了，我问她为什么还没有睡觉，她说:“妈妈，我害怕。”

我说:“姨夫在家里，可以让他陪你睡。”

可是，女儿犹豫了一下，告诉我:“我不让他陪，他是男的。”

女儿这句话让我非常震惊。是的，姨夫是一个并不熟悉的亲戚，女儿感觉到他是男的，自己是女孩儿，没有爸爸妈妈在家，她觉得不安全。我竟忽略了这一点！我怎么忘记女儿会害怕、会紧张，需要有熟悉的人相陪？我只好在电话里安慰她，让她早点睡觉。答应她明天请小舅妈过来陪她，女儿得到一些安慰，答应去睡了。

我却久久不能平静，我突然开始觉察自己作为妈妈的麻木和忽略。在这个危机事件出来之后，我只考虑到我的妈妈、我和妈妈的关系，完全没有顾及女儿的需要、女儿的恐惧，我深深地感到内疚和自责。

带着这份内疚，回到家乡。我直接冲到医院里，妈妈连续发高烧，糖尿病并发症引起血栓，瘫在床上，人事不省。我很感恩妈妈，给我充分的时间，让我可以见到她。我看到了突然衰弱和瘦下来的妈妈，我抱着她大哭，其中是很复杂的感觉，有我对她的心疼，也有对她的感恩。我有着强烈的愿望：我要好好照顾妈妈，我要为她做所有可以做的事情。

我在医院里一待就是一个月，本来以为她的身体会慢慢恢复，到“五一”就恢复得差不多，就可以带她回苏州。可是，有一天，医生很严肃地找我，告诉我一个事实:“像这样的病人，只会越来越糟糕，不可能好。所以，你们做家属的要放下幻想，面对现实，做一个决定：到底是继续耗在医院里，还是把她带回去休养。”

在这个过程中，妈妈有好几次病危，我们帮她买了送终衣服，买了很多妈妈经常念叨的东西。她是个要强的人，经常会抱怨爸爸，羡慕别人穿得怎样好。她自己负责家里的财务，可她舍不得买，她活在抱怨和指责里。我不知道她能活多久，我想让她在离开世界之前，满足所有的愿望。所以帮她去换了舒服的被子，买了绣着梅花的棉袄，买了她一直羡慕的貂皮大衣。

现在医生下了命令，我们只好面对现实，跟妈妈商量了一下，问她是愿意跟我们回苏州，还是继续留在这里。妈妈爱弟弟，一直把弟弟当作她重要的精神支柱。她说："回苏州，跟儿子在一起。"我们开始安排，把这个重病号抬回苏州。

很多亲友帮忙做了一副担架，弟弟的好朋友也愿意护送妈妈回苏州。就这样，我们开始转道齐齐哈尔，坐火车回苏州。一路上，妈妈的精神越来越好，我们很开心。到了苏州，油菜花漫山遍野地开着，在那个晴朗的早晨，妈妈回到苏州，住在弟弟家。

安排完妈妈，我去学校接女儿。短短一个月，我看到一下子胖了起来的女儿，她的脸蛋儿几乎要胀开，红通通的。

"这一个月里，姨夫哄她吃爱吃的土豆和肉。"这是大家的解释。可我心里明白，孩子如此快地胖起来，是因为她内在的焦虑和紧张。她把焦虑和紧张误读为"饿"，用拼命吃来消除。即使这样，她仍然独立地照顾自己、上学放学。女儿这样让我很心酸、很心痛，我的焦虑又增加很多。

每天下班，我先去照顾妈妈，帮妈妈洗漱完毕才回家，做饭照顾女儿。有一天，我们走在回家的路上，我突然发现自己疲惫不堪，女儿在远离我三四米的地方走着，我们没有手拉手，没有一起说笑，各自走各自的，看似两个陌路人。这情景刺痛了我，我知道我们之间出现了问题，我开始陷入更多的焦虑里。

这年"五一"放假几天，我还是先要照顾妈妈，再照顾自己的家。有一天，我累得腰椎痛得不能直立，妈妈瘫在床上，我躺在另一张床上。当时我心里有一个强烈的声音："我不能这样，我的妈妈年纪大了、病了、老了，还有爸爸照顾。我这么年轻，孩子这么小，我病了，谁来照顾我的孩子！”

我又一次发现，我和女儿之间不过是在重复妈妈和我之前的生活。我出生不久外婆去世，妈妈把我留在家里，自己回河北老家送自己的妈妈。那个时候她可能也走得很决然，也走得坚定，因为她要跟自己的妈妈去告别。我在女儿8岁时，为了我自己的妈妈，也毅然决然地回到老家，把女儿留在家里，我都没有想到她会害怕，没有跟她做充分的告别。我那么强烈地看到了自己在不知不觉中重复着妈妈的想法、做法，我知道不能再这样，我要好好活着，照顾好我的女儿。

半个月后，我收到了南京晓庄学院的培训通知，这是李中莹老师开展的为期四天的培训活动。带着希冀、带着要好好照顾女儿的急切心情，我去跟学校请假，去参加了这个培训。

课程开始前，我跟同住的一位北京朋友喋喋不休地诉说我的焦虑和对女儿的担心。四天课程结束，我不知道自己学了什么，甚至课程结束前，我还问李中莹老师:“我的潜意识在哪里？我找不到。”我不知道自己学了什么，只记得在第二天晚上，李中莹老师开了家庭系统排列工作坊，我强烈要求以自己的经历来做个案研究，我的请求被接受了。虽然我不知道家庭系统排列是什么东西，可是，内在“我想活下去”的声音如此强烈，我争取到了这个机会。

在那个大礼堂里，我们在台上，很多学员在台下，当李中莹老师帮我呈现出我和妈妈、妈妈和她很多很多代女性祖先的关系时，我看到了扮演妈妈的角色和她背后站着十几位女性的代表，她们代表着对妈妈传递爱的先人，我站在扮演妈妈的角色对面，李中莹老师要求我向妈妈鞠躬，可我无法完成这个过程。我感觉到多年的压抑和委屈开始浮现上来，我忍不住开始哭泣，大声哭泣，悲切地哭泣，我无法放下内在很多对妈妈的不满、伤痛，我无法向妈妈低下我的头。

这个过程僵持了很久，连妈妈身后的代表们都掉泪了，台下的学员都掉泪了，可我就是无法向妈妈低头，承认妈妈是最好的妈妈。

实在无奈，李中莹老师找了另外一个代表上来，并告诉我，这是我的女儿。李中莹老师问我："你希望你的女儿重复你的命运吗？你希望你的女儿也像你一样不快乐地长大吗？"

我很决然地答道："不，我不要。"

"那你愿意为了女儿去向妈妈低头，向妈妈鞠躬，接受妈妈的爱，让这个爱可以流动给你女儿吗？"

我拼命点头，并且一把抓住扮演我女儿的那个代表的手，向对面的妈妈深深地鞠了一躬。那之后是一个很长的感情宣泄的过程。是的，在我的成长中，妈妈的辛劳、妈妈的指责和抱怨、妈妈跟爸爸那份不和谐的关系、妈妈对我为数不多但很苛刻的言辞，都让我难以忘怀。作为家中老大，我从小所承担的辛苦剥夺了我本应轻松快乐的童年。在感情宣泄的过程中，所有关于过去的回忆都变成尽情流泻的泪水，哭完了，我放松了。我不知道这个方法是什么，我只知道这个过程中有什么东西发生了改变。我到底释放了什么，到底是以怎样的一份心态接受了妈妈，我不知道。

回来之后，我的心情确实轻松了很多，自在了很多。20多天，就做了100多个有效的个案研究，这是我做心理老师以来，最有效能的一段时间。我开始把老师的书读了一遍又一遍，开始尝试用很多方法和技巧帮助来访者。

同时，李中莹老师通过电邮、电话，关心我的状态和需要。家庭系统排列这门学问的很多理念和方法，开始把我带出无力和焦虑的状态。

慢慢地，我梳理好了自己的状态，我开始能够接受妈妈有一天会老去、会离开我们的事实，我看清自己最重要的任务是先照顾女儿。我把妈妈的生活起居交还给爸爸，虽然也有很多不忍和心疼，可我发现自己分身无术，在妈妈和女儿之间，我选择了尊重妈妈的意愿，先去照顾女儿。我下班先回自己家，帮女儿做好饭，跟她有个沟通交流之后，才去看妈妈。虽然每次从爸妈家门口路过，我的内心都有无比的纠结和挣扎，感觉自己是个不孝的女儿，感觉自己对不起爸妈，但我还是走过那扇门，先回自己家，先去做一个合格的妈妈，去陪伴我的女儿。

这其中的挣扎，每天都在煎熬着我，我一边承受煎熬，一边开始用心陪女儿。我懂得了系统的重要法则，就是上一代永远渴望下一代过得好。我知道躺在病床上的妈妈，最在乎她的外孙女。所以，我忍受内在的煎熬，先照顾孩子，让妈妈放心，让妈妈知道她的外孙女学习很好，很爱读书，妈妈也更放心。我陪伴女儿的时间越来越多，女儿的状态也慢慢有了很大变化。她又开始恢复了那种自由和放松的状态，她开始喜欢在书上和网上找笑话，讲给我们听，她还要求她讲笑话时我们一定要笑。那时焦虑忙碌的我们常常笑不出来，现在我明白，女儿在用她的方式帮我们创造快乐。

这次课程是我第一次接触到一门关乎“人如何活着，如何幸福快乐地生活”的学问，是我生命中一个非常重要的转折。这个转折的动力是：我想更好地陪伴女儿，我想让女儿有更好的、更幸福的未来，我想活下去。不知不觉间，我生活了30多年，才发现原来童年的创伤记忆如此深地控制和影响着我。在南京做的那个个案研究，成了我生命中非常重要的转折点。

我看似为了女儿去接受妈妈，看似并没有真的、完全接受妈妈过去对我所做的一切，但课程已经开始把我带到一条自我成长的路上来，开始把我带到一条人生可以成功、快乐的路上来。那个夏天，李中莹老师寄给我两三本书，关于家庭系统排列、前世今生、催眠的书，我看着那些书，带着很大的恐惧，甚至在大夏天里，躲在床脚瑟瑟发抖。

对于一直受唯物主义教育的我来说，这些是非常大的颠覆。虽然我一向只相信科学，只相信自己看到、听到的东西，但现在这些学问为我打开了一扇更大的门，让我看到这个世界我没有看到、没有听到，但客观存在的现象在运作、发生着。尤其家庭系统排列的三个隐藏动力，把我带到一个学习智慧生活的领域里。当我开始习惯随时随地去觉察自己，是否认同每个人的存在价值，自己的付出与收取是否平衡，是否符合系统的不同层次秩序时，我开始变得明白了、清醒了，好像一下子从混沌中找到了明确的方向。

我开始将隐藏动力法则作为人生的指导法则，用它面对和解决生活中的很多困扰、矛盾，我开始看到自己在这个偌大空间和宇宙中的位置，找到了如何跟其他人处理关系的秘诀。

我从此走上了一条自我探索、自我发现、自我成长的心灵之路。这条路让我在家庭中开始变得简单、轻松，在单位里做咨询、开讲座多了很多自信，也带领我与更多人去分享这些好学问。

幸运的是，2004年李中莹老师设计出快乐亲子导师课程之后，我有机会作为快乐亲子导师课程助教，开始一边学、一边讲“快乐亲子课程”。每一次讲课，与其说我是在向别人传达、分享有效的方法和技巧，不如说我是学着用这种特殊的方式指导自己做有效妈妈。

一场场课讲下来，当我把那些理论技巧烂熟于心时，慢慢地，这些理论变成了我的本能，我在面对女儿时会不知不觉地表达出来。我开始用不同的方法和技巧陪伴女儿，我开始放下以往那些规条和限制，给女儿越来越大的空间。

女儿有很多不适应、不习惯，她甚至悄悄对我说：“妈妈，我觉得你太宠我了。”

每当女儿这样说，我都会很心酸：“不是我宠你，是以前我对你太凶了。”我很认真地告诉女儿：“宝贝，你有资格被妈妈宠，你是这么能干优秀的好孩子！你可以，也配得爸爸妈妈给你这些宠爱。”

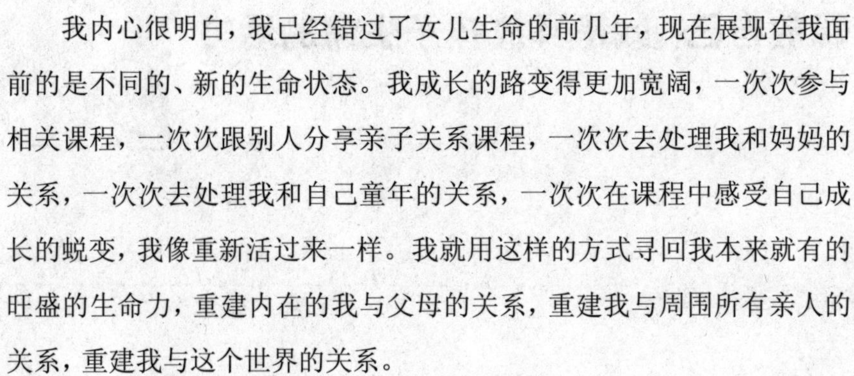

我内心很明白，我已经错过了女儿生命的前几年，现在展现在我面前的是不同的、新的生命状态。我成长的路变得更加宽阔，一次次参与相关课程，一次次跟别人分享亲子关系课程，一次次去处理我和妈妈的关系，一次次去处理我和自己童年的关系，一次次在课程中感受自己成长的蜕变，我像重新活过来一样。我就用这样的方式寻回我本来就有的旺盛的生命力，重建内在的我与父母的关系，重建我与周围所有亲人的关系，重建我与这个世界的关系。

不知做过多少次接受父母，每一次都有不同的发现和感觉；不知做过多少次接受自己，每一次都有完全不同的收获。在一次次的觉察、面对、释放的过程中，我真的越来越轻松、越来越自在。每一次跟女儿分享我成长的收获时，她都用那份处变不惊的镇定，做最后的总结：“哦，又来了。”

我不断释放自己，不断经历成长的痛与乐，也不断累积更多专注与爱去面对女儿。我发现，现在的自己才是真的全然关注和爱女儿的。我的心跟她在一起，有效、有质量地陪伴她，现在的我才像个真正的妈妈，不再是伤痕累累的小女孩儿，也不是对父母心存抱怨，而外表又无比孝顺的那个“怨妇”。我是一个懂得生命的智慧、用心陪伴女儿的妈妈。这个成长过程是女儿推动的，成长之后受益的是女儿，更是我自己。

所以，女儿是我的天使，推动我享受如此美妙的生命成长体验；而我也是她最好的妈妈，我为了可以做好妈妈，去学习、去成长。这其中虽有许多的酸甜苦辣，但回味起来都有种独特的味道。

每一次回忆，每一次咀嚼，我都由衷地感谢女儿。是的，我不想让她重复我的命运给了我动力，让我开始这种学习。所以，女儿可谓是我成长的第一个重要推动者和指导老师。

释放自己，就是释放孩子生命的活力

当父母欣赏孩子所做的一切，允许孩子按照他的方式生活时，不仅父母会感到轻松自在，孩子也会焕发出更多活力。

2002年12月，李中莹老师受苏州大学邀请，到苏州来开设“简快课程工作坊”。那是我学习“简快”半年以后正处在问题此起彼伏涌动的时期。课前，李中莹老师又安排了两天的家庭系统排列课程。我又报名以自己来做个案研究，还是为女儿，因为女儿这时出现了啃指甲、不爱穿裙子、饭量大等现象，让我很焦虑。

先生跟我一起去参加工作坊，还有我的好多同事，我没有顾及安全保密的问题，无比信赖李老师，希望借助这样的环境，帮我缓解内心的焦虑。其实，很多咨询师不愿意在熟悉的圈子里以自己做个案研究。他们担心隐私外泄，担心个人形象受损。而我没有这样的顾虑，这仍然得益于我内在的“我想活下去，我想活得更好”这一动力的推动。我心里明白，这些创伤不是我自己创造出来的，我不想被这些创伤牵绊，更不要隐藏或背负它们，它们会销蚀我生命的能量，让我没办法真正活出自己的生命。所以，争取到做个案研究的机会让我很开心。排列过程让我看到，我的心仍然跟我的原生家庭在一起，而先生也被离开的父亲吸引着。女儿是浑身冰冷的，直到她在地上跟几个人躺在一起才平静下来。那个时候，我的意识还在区分，到底发生了什么，好像明白了，又好像没有明白。

等到个案研究结束，我们回到家，女儿从房间最里边跑着欢呼着冲了过来，一下子就勾在我身上。那一刹那，我的眼泪流出来，我知道排列的效果已经显露出来了，我知道在另外一个空间里发生的事情，已经让女儿得到很多很多信息。她开始活了，她开始像一个孩子一样依恋妈妈，渴望拥抱，她开始用她的方式来表达她生命的活力了。我知道这一天对女儿的意义非常重大，她作为一个生命，释放掉很多不属于她应背负的其他人的责任，她开始找回生命的力量。她的意识并不自知，可她所有的变化都让我感受到了，让我们感动了。

在那之后，我们发现她越来越少地咬指甲，饭量大小也不再是我们关注和焦虑的问题，穿不穿裙子也不再在意。生命就是这样，很多现象发生了并不是问题，别人如何解读，如何看待，以及其中的很多焦虑、压力如何处理，才是问题。

当释放掉那些负面能量之后，我们可以平静地看待以往焦虑的事，女儿也很自在地享受她现在可以享受的一切，这就是治愈的过程，这就是生命在活着的过程。那一次之后，女儿的活力让我释放掉了心里最大的石头，让我可以欣赏女儿所做的一切，也让我自己内在多了许多轻松和自在。我越来越相信女儿，允许女儿用她自己的方式去度过她的人生，这是女儿推动我又一次成长的个案。

放下自己的负累，孩子的心魔也消失

卸下心中的包袱吧，只有这样，你才能给予孩子最完整的爱！

我开始成长之后，也越来越多地看到身边人的不足和局限，看到他们也需要突破和学习。所以我经常推动其他人去学习，但这份推动常会遭到拒绝，甚至让我和他人形成矛盾。有段时间我和先生就处在这种僵持中，我不知不觉走到了不看自己只看别人的误区。

我又一次接到一个课程信息，是海灵格先生在深圳举办的家庭系统排列工作坊，我被邀请去做个案督导。我非常急迫地想推动先生跟我一起去，可先生却没有这样的意愿，最后我决定自己去。我走之前，女儿对我说："妈妈，我跟爸爸在家很害怕。"

"怕什么？"我问她。

她说："我不知道。"

我很担心，不知道怎样可以帮女儿消除这份惧怕，心中更多对先生不满，肯定是他态度不好，才会让女儿害怕。可女儿的"我害怕"这个声音，不断提醒我，也许，我要为自己家里做个案。

幸运的我争取到了个案机会。当我坐在了海灵格先生身边，他问我："有什么需要？"

我说："女儿害怕一个人跟爸爸在一起。"

海灵格用他具有穿透力的眼睛注视了我一会儿，然后说："No。"

我很茫然，我不知道他这样说是怎么回事，然后他问："家里发生了什么事情？"

我就先从先生家开始讲起，他的外公、他的爷爷、他的爸爸等。这是我们学家庭系统排列之后常犯的错误：去了解其他人家族中的不正常的生命现象，然后带着"一定对后代有影响"的假设，去看身边的人。

海灵格打断了我的话，他说："No，不是那么远的故事，而是很近很近的现在。"

他说"现在"，又让我想起来，刚去世的公公，对丈夫的情绪影响很大。海灵格仍然坚定地摇着头："No，我想知道你自己做了什么？"

我的大脑一片茫然："我做了什么？我没有做什么啊？我开始努力学习，我已经越来越像个好妈妈、好太太，我没有做什么坏事啊。"我带着茫然，继续看着海灵格。

然后，他说出的一句话猛地敲动了我，他说："她怕的不是她爸爸，是你。"我好像听懂了这句话的意思，我的心有了触动，开始变得放松。我似乎被海灵格催眠一样，跟随着他的下一句话，身体发生了极大的变化。海灵格说："她怕你像对待其他孩子一样，也杀掉她。"

听完这句话，我的眼泪已经出来了，身体不由自主地弯下来，像是在表达我的歉意，像是在谢罪。海灵格又一句话，让我整个身体都弯下来，向那两个没有活下来的孩子表达歉意。

他说："现在你的心已经知道，你要为你做过的事情承担责任。"我坐在椅子上，头完全垂下，双臂也完全垂下，整个身体，像要对对面跪拜下来。我的意识似乎仍然不知道我在做什么，可是我的心、我的身体已经在对我曾经有过的两个未出世的孩子说："我认罪，是我杀了你们，不管当初有什么理由。我接受这个事实：我是你们的妈妈，而我却杀了你们。"

这样的姿势我不知道维持了多久，我的呼吸配合着身体有很大的起伏变化。最初我的情绪波动很大，那是夹杂着愧疚、心痛的情绪。慢慢地，我平静下来，这段过程真的很挣扎、很辛苦。我跟随我的心，去为我内在的罪恶感赎罪。作为妈妈，我曾经让自己的两个孩子没能活下来，我愿意为此表达我愿意承担罪责的诚意。

过了很久，我慢慢平静下来，这时我已经是全身酸软无力。海灵格给我很大的爱和关注，他让我把头靠在他的膝上稍微休息一下，我幸福地享受着这个时刻。在他极大的关爱和关注的包围下，我像一个受了委屈的孩子终于得到了爸爸妈妈的爱，更像一个迷途的羔羊终于找到回家的路。个案做完，我的身心仿佛陷入无边的寂静中，从中我突然看到真正的自己。

我学得越多，越容易看到别人的问题和毛病，越容易为别人处理他

生命中的问题和矛盾，却不懂得去发现自己内心还有很多没有卸下的包袱，还有很多没有还完的债，还有很多不敢面对的事实，还有很多不敢说"是"的过去。

这些会锁住我生命的能量，会让我身心分离，会让我总是把指责的手伸向别人，却姑息我自己。

做完个案之后，我开始明白，我们生命中发生的所有事情，我们自己都负有一份责任，我们身上发生的所有事情，都要我们自己先来承担，先来面对，先来整理。

回到家里，看到女儿让我很安心、很快乐。我开始学习与先生以不同的方式互动。他是我最好的老师，也是女儿最好的老师。我开始允许与我不同的一切存在，并试着去欣赏它。这是女儿对我的又一次推动，让我有勇气面对我生命中一个极大的创痛，让我释放了内在对没能活下来的孩子的歉疚与自责，让我有更多的能量活在现实，全身心陪伴我的孩子。

感谢女儿！

七彩能量的调和让全家人受益匪浅

从高高在上的神坛上走下来吧，去倾听孩子、观察孩子、支持孩子，这样才能推动亲子共同成长。

2010年夏天，我催女儿去做一个大脑调和。我一直认为，她数学学得不好，可能是大脑内在结构有很多不平衡。有好朋友是做健脑操和触康健的，我推动女儿去做调和，让她学数学更轻松有效，女儿半推半就地跟我一起去南京。

她一个人先跟老师做沟通，沟通的结果是下午告诉我她要回家，她觉得自己没有这个需要。我又傻了眼，哄她、劝她，想让她留下来做点什么。老师也坐下来劝说，还要跟我单独谈谈。我意识到问题的严重性，就单独见老师。老师说，他在跟女儿的谈话中发现，她有很明确的自我认知能力，就是左右脑有不平衡之处，他教了她一些方法，她可以自己去练习。不过他还发现一个问题，这是他通过女儿在聊天中表现出来的对爸爸和妈妈的评价而发现的一些新的线索。他说："女儿身上背着很重的爸爸妈妈的包袱，这让她没有办法轻松做自己。"

我急了，就问："可以做些什么？作为妈妈我应该怎样做，承担我应该承担的部分，让女儿可以把我这边的压力放下？"老师接受我的请求，愿意以我来做个案研究。

这一次的个案研究就从跳舞开始。具体情境是：我在夏天的玄武湖边，看到了满池的荷花，我想去表达那满池的荷花。

在这种情境下，我突然感觉自己不需要做树，也不需要做那棵柔弱的小草，既然是花就让它自己开放。当我设定了目标，开始跟随音乐表达时，我感受到那份内在的极大的生命能量冲动，我不知疲倦地跟着节奏跳舞，从开始身体有些僵，到慢慢舒展，到慢慢开始自由舞动。一个多小时里，我竟然不知疲倦地跳着、贪婪地跳着，就好像小时候躺在床上，那个8个月不会翻身的我自己，开始挣脱那些包裹的束缚，开始舞动自己的手臂，开始舞动自己的双腿，自由自在地表达，如醉如痴地沉迷在其中。我开始跟自己身体的每一部分连接，我开始用自己身体的每一部分去表达。自由自在，完全放松地表达。

我才发现原来自己体力如此好，竟然没有累的感觉，也没有辛苦的感觉。上午结束，我又在纸上表达自己的内在，我觉得一支笔无法表达自己的感受，于是抓起了赤橙黄绿青蓝紫七种颜色，开始在那张大号白纸上尽情地挥洒。

画完了，自己抽身出来看，竟然是七彩的，向上旋转着的脉轮能量！我明白，自己在这个过程中，原来是跟脉轮有了充分的连接。脉轮的能量，已经开始自然地在身体内流动，我又一次活了。

夏日的暴雨，转瞬间，就让玄武湖上惊涛骇浪，雨水渗入房间里，我却很安然。我感受到生命的喜悦，活着的喜悦，作为女人活着的喜悦。我知道许多年来，自己不断的自我探求，今天又做了一次特殊的整合。这是身体上的觉醒，是内在能量上的觉醒，是更高层面上的真实地活着，我开始感受身体舞动的快乐。

回到家里我跟着音乐自由跳动，我开始信任自己的身体，自由自在地表达。以往我一直认为自己是笨拙、不灵巧、不协调的，可现在我开始喜欢自己的身体，开始感受生命舞动的美妙。

我跟女儿分享我的特殊收获，她仍然带着那份得意的神情。我跟她说："谢谢你，给我一个成长的机会，让我对自己做了一个个案研究。"她听后脸上满是欣喜的笑容。

就这样，一次又一次，总是以女儿的名义，我被推动进入到很多课程，做了很多不同的个案研究，我都不知道我们母女连心的这份感应到底有多深，到底哪些是她的问题，哪些是我的问题？我也不知道到底是她用她的问题提醒我，推动我，让我去面对自己生命的问题，还是我自己想去参加？虽然说不清楚，可我还是跟随着感觉，一次次经历了生命蜕变的过程，被女儿推动着，经历了生命绽放的过程。

这个过程受益者是我，得益者是全家每个人。我的情绪越来越平静和放松，身体也越来越平衡和健康。这些也都传染给孩子和先生。当我越来越多地跟身体连接，让自己瘦下来，让自己恢复到本来的体形之后，我感觉到更多的自信和喜悦。

不知不觉间，女儿超过了我，她的高度和宽度都超过了我，她甚至开始学会欣赏我、肯定我。我也习惯了跟她讨论和炫耀我的东西。她的内在就是这样，满满的，从来不羡慕我买的衣服或首饰。

我问她："为什么会这样？"

她会肯定地说："反正这些将来都是我的。"她就在买书、读书，情绪起伏跌宕中过着她的青春年少的岁月。我不知道她是不是要到中年以后，才会像我一样开始享受小女孩儿的乐趣？即使那样也很好，现在她要去用她的方式探索这世界，那就让她去。人生总是这样，该学的课题，早晚都要学的；该呈现的不同侧面，早晚都要呈现；该学到的东西、体验的东西，早晚都要体验的。那就允许她、祝福她吧。

当我的觉察力越来越明显、越来越精细的时候，我就更多地为自己负责，去处理自己的问题，面对自己的人生。我会习惯性地告诉女儿，我自己照顾自己，不需要你来照顾我，你的任务是做好你自己，这是你最重要的使命。

我一次次提醒她，爸爸妈妈不需要你来背负，爸爸妈妈有能力去看到自己需要解决的问题，解决自己要解决的问题。这是爸爸妈妈自己的使命和责任，我们不需要互相背负。也是在这个过程中，我们从共生到开始分隔独立，我开始更多地觉察自己、面对自己，而女儿也慢慢完成她被我们推动的使命，将要开始她自己独特的旅程。这个像天使一样的女儿，就这样陪伴着我们、保护着我们，而我们也做她的守护神，陪伴着她，保护着她。这就是我们和女儿的故事，我们被女儿推动着心灵成长的故事。

坐在咨询室里，我常常接待由父母陪伴而来的孩子，或者由孩子陪伴来的父母。我看到一位又一位的天使，我看到一个又一个因为孩子推动而变得快乐轻松起来的父母。所以，我在反思，到底是我们在教育孩子，还是孩子在拯救、陪伴我们？

当我回顾女儿17年的成长经历时，我发现，孩子来到这世界，是带

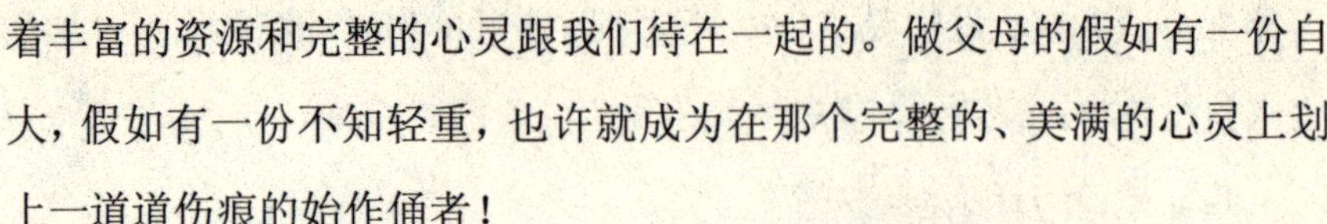

着丰富的资源和完整的心灵跟我们待在一起的。做父母的假如有一份自大，假如有一份不知轻重，也许就成为在那个完整的、美满的心灵上划上一道道伤痕的始作俑者！

然后，一个孩子在独立成长之后，有机缘接受心灵成长，就用他的方法去消除那一道道伤痕带来的创伤。当他幸运地把那些创伤修复，把创伤能量释放，重新回到完整的完美的自己，学到该学的课题，也就到该离开这个世界或完成自己使命的时候。孩子降临到某个家庭，选取了与众不同的父母，一定有他自己的设计蓝图。他为自己选择了要经历的创伤的类型和模式。然后，他再用自己的力量把这些创伤模式释放掉。这样一个完整的过程，就是体验生命的过程，就是独特的成长过程。很多做父母的，没办法改变无知的自己，克制自己的本能，让自己不做对孩子有伤害的事，这不是父母的错，更不是孩子的错，这就是一份特定的因缘关系。让父母做了父母可以做的，让孩子学了可以学的。一个能量更大的孩子，会用他的方式，推动父母在有生之年走进心灵成长的路，让父母释放自己童年的创伤，让父母体会真实生命的尊贵。这样的孩子，是来救父母的。

父母应该很早就觉醒，父母给孩子最大的帮助是让孩子做他自己想做的事，给他空间和自由，让他体验他该体验的，做他可以做的，父母不需要再去指手画脚，再去说多少个应该、必须，父母只要维护一个空间，让孩子自发、自主地探索，就已经是父母给予孩子最大的支持和照顾。

孩子也可以早一点完成他解救父母的使命，去学他自己该学的，做他自己该做的。这就是亲子之间那份微妙的、特殊的关系，是女儿让我懂得的，是很多孩子让我明白的。放下父母、孩子这样的角色区分，我看到了孩子和父母共同的特性就是在学习中成长的生命，在学习中体验生活的灵魂。

在这样的共性特征之下，我们允许自己更多地自我探索、自我觉察，成为我们自己，珍视我们跟孩子相处的这份缘。给他机会，让他也自我探索、自我觉察，成为他自己。这样的亲子关系，是多么美妙、幸福、和谐的关系啊！

所以，做爸爸妈妈的，让自己从那个高高在上的神坛上走下来吧。蹲下身来，去倾听孩子，观察孩子，去接受孩子给我们设计的成长课题，去面对自己。爸爸妈妈，从那个并不牢固的宝座上走下来吧，去体会孩子，支持孩子，让共同相处的这段日子变成彼此推动、彼此支持、彼此成长的黄金岁月。

感谢天使让我们有机会修复自己当年的创伤，教自己懂得生命的角色，做我们自己；也感谢我们自己这些有着更大翅膀的守护神，带着伤痕，带着伤痛，也护佑着翅膀下那个小天使，给他更多的爱和保护。

感恩爱，让我们彼此相依；感恩爱，让我们彼此成长；感恩女儿，让我有如此大的突破和变化，让我每一天都靠近我本来的样子更多一点，成为我自己。

附 录

你不尝试怎会知道？

How can you know if you don’t try?

冉鑫安/译/绘

附录1

国旗下的讲话

——根植大地，幼芽破土

2010年6月5日是世界环境日(环境日的主题确定为:“多样的物种，唯一的星球，共同的未来”，英文原文为：Many species, One planet, One future)，也许你会对最近发生的美国泄油事件有所耳闻，也许你发现环保主题占据了各大媒体的主要版面。你想到了什么呢？激起了你对各种事件的不同感觉？愤怒，理解，支持，跃跃欲试？

或者置之度外，仅仅有想法，而无作为？还是认为这些事情离自己太遥远、太微不足道了？

我想分享两个发生在校园里的环保故事。

小高考结束后，学生会联合环保社，发起高二为高一捐书的活动。各种用过的、没有用过的笔记、辅导书，都源源不断地从高二同学的手中传给高一的同学们。

上周，我们送别高三学长，发现了高三同学和老师剩余的复习资料。环保社召集了高二的同学，在周五中午到教师办公室里，进行了资料的分享和回收。老师们也投入进来，给学生们赠送资料，我们听到了同学们的欢呼声、啧啧赞叹声。他们挑剔地翻阅着书籍，互相交流，并以迅雷不及掩耳之势，夺下自己想要的资料，抱在怀里。热闹的情景，引人

注目。

最后，高一环保社成员们再次对资料进行分类整理、选择，最后一批剩余资料投入回收箱。

这类赠书活动，从高三到高二，再从高二到高一，就像从高山上流淌下的泉水，上游不断补充新资源，下游得到滋养，形成一个绿色循环。不仅循环了书籍和知识，也循环了环保的意识，渲染了学校的学习氛围，各年级联系变得紧密，学生间加强了联系，这是一个互利三赢的循环。这是环保社若干活动中的一项。

本学期我们在教师办公室中，设了废纸回收箱；在同学中，主要进行废弃水瓶的回收，每个年级有数位负责人，从各班级中收取水瓶。配合积极的是初中，尤其是初二年级。三位环保负责人，热情大方，每每利用课余时间，从高中楼跑到初中楼，一个一个班级地询问、收集，事后还认真进行记录。

他们清楚每个班的劳动委员，说得出每一位的名字，对他们报以微笑和欢呼；他们被某班的学弟学妹们热情和积极参与的态度感动，自费给他们全班买零食，而且笑着对我们回忆说："他们都说谢谢姐姐，很好吃……"

我相信，在这个过程中，他们收集到的不仅仅是水瓶，还有尊重、友情、快乐，更有对于环保的更深感悟与体验。

是的！以上这些，也归类为"环保"。

也许曾经的你，想到"回收"和"环保社"，只想到"收瓶子的"或者"种花的"。现在你已知道，只要你参与进来，将干净的瓶子放入回收箱，考试后，将草稿纸一并整理，连同不需要的书籍废纸定点放置，而不是泄愤一样地揉进垃圾箱……这一切，很小很日常，但从此你对环保的态度、对生活的感知，都会有所不同。

我们的格林计划环保社团，加入了全球性的环保组织——"根与芽"，校内下设回收项目、有机农场种植和环保宣传项目。我们的最终目的，是环保公益与绿色种植，社团管理与经营相结合，形成一个小型创业社

团，通过模拟商业运行的方式管理社团，经费自给自足，长远发展。

带着这个目标，我们邀请你，加入到回收和环保的生活中来，你能从中收获很多。不论是你无形中的回收习惯还是感悟、经验，这些对于你自己，对于我们的校园、社会，我们这个地球来说，是生存发展的根基啊。

让我们共同创造绿色校园，一起爱护我们的地球母亲！

冉鑫安

2010/6/7

附录2

环保社长感言

Chairman’s Thoughts

自从高一被选为学校环保社社长，我的生命有了全新的意义。

Since I was elected as Chairman of the school’s environmental protection society, my life has been filled with a brand-new significance.

我开始走出一个人的世界，与周围的人连接；

I’ve started to get out of the world of one single person and communicate with people around me;

我开始主动地思考问题，并寻找更有效的解决方法；

I’ve started to think of questions actively and seek for effective solutions;

我所有的业余爱好都成为我工作的有力武器——摄影、绘画、做手工……

All my hobbies have become the favorable weapons for my work – photographing, drawing and handcrafting…

我开始精打细算，让每一分钱都花在刀刃上；

I've started to count every cent and make every cent count;

我开始表达，让更多的人明白我、跟随我；

I've started to express myself, getting more people to understand and then follow me;

我开始在大自然中感受生命的意义，等待一朵花开、一颗种子萌芽；

I've started to experience the significance of life in nature, waiting for a flower to bloom and a seed to sprout;

我开始全身心体验“一分耕耘，一分收获”的真实含义；

I've started to experience the real meaning of "equal pay for equal work" wholeheartedly;

我开始把生物、化学、物理课上所学的知识在花房里验证；

I've started to test and verify in the greenhouse what I've learned from biology, chemistry and physics;

我开始考虑我周围的环境与地球、人类未来的生存；

I've started to ponder over the environment around me as well as the future existence of the earth and mankind;

我开始明白我自己和每一个人的重要，为了人类共同的未来；

I've started to understand the importance of myself and everyone else, for the benefit of the future shared by all human beings;

我开始改变自己和周围人的每一个行为，从每张纸、每个瓶子开始；

I've started to change the behaviors of my own and everyone else's around me, from every piece of paper and every bottle;

我开始欣赏每个生命的独特和美丽；

I've started to appreciate the uniqueness and beauty of every life;

我开始主动地担当起责任，透过我去影响我周围的亲友和每一个人……

I've started to undertake responsibility on my own initiative, influencing my relatives and everyone around through my behaviors…

于是就有了生命中若干宝贵的第一次——

Then, there have appeared many precious "first times" in life…

第一次召集会议，写讲话稿；第一次搞活动，做宣传画；第一次根据每个社员的特长分工；第一次卖废纸；第一次写计划总结；第一次到上

海参加活动；第一次跟社员采摘我们种的植物，与更多人分享收获的快乐；第一次把德国学生带到学校里来；第一次做校园湿地博物馆的英文解说……

The first time to convene a meeting and prepare a speech; the first time to hold an activity and prepare propaganda paintings; the first time to divide the work as per the strong point of each member; the first time to sell waste paper; the first time to write a plan and summary; the first time to go to Shanghai and participate in an activity; the first time to pluck our plants with the society members and share the joy of harvest with more people; the first time to take German students to our school; the first time to act as an English narrator of the campus wetland museum...

当然，还有一次次的沮丧、一次次的感动、一次次的喜悦、一次次的挫折、一次次跑来跑去的辛苦，还有一次次不被理解的委屈与失望，以及被关爱时的温暖与幸福……

Of course, I've been depressed, moved, pleased and frustrated time and time again; I've also suffered from the hardships of travelling here and there, from injustice and disappointment of not being understood, but I've felt the warmth and happiness of being cared for and loved as well...

就是这些无数的第一次和一次次，让我成长，让我成熟，让我欢乐，让我幸福！

It is just these numerous "first times" and "time and time again" that make me grow up and give me pleasure and happiness!

这本手册记录了我作为社长的工作，是我对环保的态度、环保社经营和管理的思考痕迹，更是我成长和各项能力提升的轨迹。环保和发展对于我们自己，我们的校园、我们的国家和我们这个地球来说，是生存发展的根基啊。

This book records my work as chairman of the society. It is the trace of my consideration over the attitude towards the environmental protection as well as the operation and management of the environmental protection society, and furthermore, it is the path of my growth and the improvement of my abilities. Environmental protection and development are the foundation for the existence and growth of our campus, our country and our earth!

我会继续用自己的行动，影响更多的人，爱护绿色校园，爱护我们的地球！

I will continue to influence more people through my behaviors, getting them to take good care of our green campus and earth!

感谢林子杰老师对我的指导，感谢蔡明校长对我的支持和鼓励，感谢校学生处、总务处各位老师的引导和帮助，感谢陆敏老师对我的宽容和爱，感谢所有支持帮助过我的各位老师！还要感谢的是我的学长、学姐对我的指导和带领，我的学弟学妹对我的信任和支持。因为有你们，才有了我们这个稚嫩的学生社团越来越茁壮的成长；也是因为有你们，让我懂得了爱和支持的力量！美丽的校园，校园里每一个可爱的人，每

一个可爱的空间，感谢你们走进我的生命中！

I'd like to extend my gratitude to my teacher Lin Zijie for his direction, to my principal Cai Ming for his support and encouragement, to the teachers of General Office for their guidance and help, to my teacher Lu Min for her generosity and love, and to all the teachers that have supported and helped me! Also, I'd like to give my thanks to my senior schoolmates for their direction and guidance, and to my junior schoolmates for their trust and support; it is just because of your presence that this young students' organization has grown more and more sturdily; it's also because of your presence that I've come to understand the strength of love and support! The beautiful campus, every loveable person on campus, and every lovely space, thank you for coming into my life!

当然，还要感谢的是我的妈妈，你是我最忠实的支持者和义工，你为社团所做的每一次捐助和工作都在影响和支持着我，你让我体会到付出和给予的快乐，是你督促和帮助我完成这些资料的收集，还为我写了环保社成长的记录，多谢你，妈妈！爸爸是帮我出主意、想办法、出力气的支持者，在你的行动中我感觉到你的支持，变得有办法多了，多谢你，爸爸！我爱你们！

Certainly I feel very grateful to my mother: you're my truehearted supporter and volunteer; each donation you make and every piece of work you do for the society has been influencing and supporting me; with you, I've experienced the joy of giving; it is you that have urged and helped me to finish collecting these data; and you have kept a record of the growth of the environmental

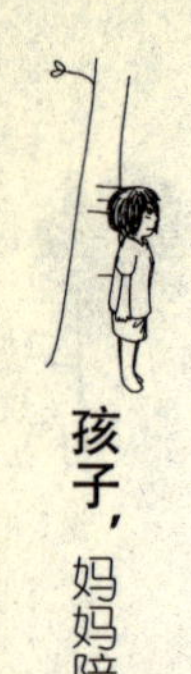

protection society. Many thanks to you, mummy! And my father is my supporter who has contributed ideas and made great efforts; from your action, I've felt your support and therefore come up with many of my new ideas. Many thanks to you, Daddy! I love you both!

冉鑫安（Helen）

Ran Xin'an (Helen)

2011/3/2

附录3

14岁的自白

看过了奈良的纪录片，看到那些美好的图画，再看到最后的镜头一转：现在的他变温和了，不再是原来那个逆反的小孩子了。“现在的我……画不出原来的那些画，原来的我……也画不出我现在这样的画。”

奈良作画是先将所有美丽的色彩加入其中，然后经过无数次的涂改，将它们变为朴实的颜色。

大概每张画都是如此。

这于工作便是褪尽浮华的过程吧。

那天晚上我终于产生了一个想法：我实在是想过许多人的不同的life style，有otaku，有奋发向上的好学生，有随心所欲的，甚至在为自己想出路时，也会想，可不可以不上高中去干活……

但是我终究只能是选择一种了，纵然我的生活还很长，但是我想经历的却是很多，而且，是now，就要有的，一方面却又害怕浪费时光……

于是我为自己选择的是，先做一个好学生，至少是热爱生活、社会和家人的。因为现在的自己恐怕还没有更多的才能，让我独自一人生活，去享受孤独和自己的生活。

而且，我也没有和家人待足，还是想念他们。

也许哪天，我经历了别样的生活，还是会选择回这个吧，但是我是

不会后悔的。

我就是想试试。昨晚，画了张画，是for mother's birthday present。

想这样对她说，我想过不一样的人生，但是是以文字、画的形式，这是另外一个我。

如果我是美丽的，叛逆的，孤独的，丑的，学习不好的，男的，抑郁的，灰色的……

不管我是怎样的，希望你还爱我（我想是的）。

冉鑫安

2008/8/1

两年前看到女儿的这篇东西，我当时很有感触，还打印了出来。时隔两年又读到此文我有了更深的感触。我流着泪，忍不住又打一遍。我可以感觉到一个正在成长的孩子，在选择自己的生活模式，在孤独地体验和抉择，在寻找自己的生活面具，在渴望与束缚中挣扎。一个渴望体验的灵魂，一个对生命负责的孩子，我知道你所写的都是你的一部分，你也许不知道，你一直在推动着我去了解和探究自己，我竟然感觉到自己不能帮到你什么，倒是你让我看到自己一个又一个需要放下的过去。

在上完真女人工作坊之后，我对自己和你，有了更深的体会。孩子，我爱你，不管你是怎样的，我都爱你，我感恩你此生用这样的方式来陪伴我、影响我、帮助我。

你什么都有了，你只需要去体验就好了，你在体验之后就会找到最适合你的路和使命了！

我真的真的在内心里有很多很多的爱和感恩给你，亲爱的宝贝！我爱你！你用生命来导引我，多谢了！

2010/9/9

附录4

带着"农场梦"走进世界联合书院

——高二女生"非典型"成才路的启示

姑苏晚报 2011/3/29首席记者　沈渊

3月28日，苏州中学园区校的高二女生冉鑫安成功"闯关"，以苏州唯一名额被有全球少年精英"摇篮"之称的世界联合书院（UWC）加拿大分院录取，且获得全额奖学金。这个17岁女孩有过人的智商，还是有超群的能力？且听她的妈妈——心理名师吴文君细述女儿的"非典型"成长路。

享受面试：聊自己喜欢的事很过瘾

回忆UWC面试的过程，冉鑫安用"享受"来形容自己的感受。经过层层筛选，全市有6名同学进入最后的面试，"形式是大家围在一起聊，话题是即兴的，全英文表述。她自始至终都很开心，觉得好过瘾。聊社团，聊绿色环保，聊服务生命，再从生命聊到中国传统哲学思想，谈老子和孔子，天人合一，反正都是她做过或正在做的、感兴趣的东西，完全是水到渠成，自然发挥得很理想。"吴文君老师告诉记者，"鑫安丰富的知识面、思考问题的广度和深度，应该是很契合评委的标准。"

低调女生：热心绿色的环保社社长

冉鑫安拿到了唯一的名额！苏中园区校的不少老师都觉得意外。因为在人才济济的学校里，这个女孩并不是特别显眼的那一类，低调、话不多，甚至有点“宅”，成绩也不是最拔尖的那一层。“她也不是班干部，但班级需要什么，她会不声不响地带去添上。”也就是这个不声不响的女生，高二时成了学校环保社团“根与芽”的社长。幼年说理想时，鑫安说：“长大了，想去美国的农场晒太阳。”爸爸妈妈没有嘲笑她，反而鼓励她好好学英语，关注动植物，以后做个“农场主”。“兴趣是最好的老师，她由此对绿色环保事业充满了热情。”妈妈说。原本内向的女儿会带着她的社员们去全校每个班级收集废纸，和收废品的小摊主讨价还价，把卖废品的钱换成各种蔬菜花草的种子在校园种植。“苏中园区校的应试氛围不浓，尊重学生的兴趣，特地为他们建了‘农场’。很可贵的是，这里的老师们有爱心、有胸襟，更有童心，学生有需要总是给予支持，鑫安很幸运。”吴老师说。

快乐成长：起跑线上“笃悠悠”不领先

“她当然不是神童，无论是智商或者精力，都很平凡。”妈妈说。从事心理教育的妈妈不管多忙都坚持自己带女儿，也培养了女儿从小爱阅读的好习惯。“她读得快而杂，四年级出于兴趣自己开始背一点老子的《道德经》，小学高年级时差不多每天可以读一本书。”爱读书的鑫安在初二前学习成绩却一直平平，“小学时大概在班级20名左右”，“‘小升初’要面试，她数学明显落后了一大截，不得不恶补了一番。”“高一时，在物理上又遇到了些麻烦……”不过对于女儿在分数上的这些小麻烦，身为心理老师的妈妈并没有太焦虑。“爱阅读的孩子学习不会差到哪里去，我一直这么想。”

妈妈心得：培养不如“陪伴”

吴老师称对女儿基本“放养”：“几乎没有‘不可以’，她想做我们就让她去做，但会提醒她承担责任和后果，事实上也没啥出格的事。你给孩子空间、信任和选择的自由，她也会更谨慎。”在吴老师看来，每个孩子的能量或者潜能都很大，“与其说培养，不如说是孩子自己成长的；身为家长，陪伴他成长，给予一些引导，在他需要的时候不要指责，给他帮助就行了。”“因为我是一个陪伴者，所以女儿和我无话不谈，我们会平等地讨论一些话题，我鼓励她自由独立地思考。”作为一个资深的青少年心理教育专家，吴文君老师接触了大量的案例。“现在的问题是有些家长太焦虑也太强势，他们害怕孩子受挫，哪怕一点点，所以他们习惯替孩子做选择，包办一切。”她提醒家长：“你要陪着他走，他走不稳时，你可以扶一下，但你不能抱起他，完全代替他走。”

后 记

从去年4月份开始编写这本书，一转眼，到现在已经一年多了。这一年中，经历了很多事。女儿已经在外读书八个月了。前几天她在电话中，跟我分享最近的收获，一直纠结的高考选专业的事，终于有些眉目了。她发现自己内心深处，一直有“学艺术很难找工作的‘恐惧’”，当跟几个不同国家的同学沟通、交流后，她发现这是“中国式的”“中国学生的群体恐惧”。她明白自己为什么一直不想学艺术了。原来自己害怕被别人轻视，原来自己一直努力学数学、学物理，是为了向老师和同学证明“我也是好学生，一等的好学生”。（她说在国内读书时，感觉很多人都认为，一等学生学理科，二等学生学文科，只有三等学生才去学艺术。她一直不甘心变成三等学生，所以一直把画画当成纯粹的玩乐。）

当同学们提醒她“艺术潜能”与“物理”“数学”潜能一样，也是对人类有贡献的，她好像突然从以往的恐惧中跳了出来，明白了自己为什么每天可以待在画室里六个小时到八个小时不觉得累和孤单。出国后她自学油画，每幅画都那么有感觉。她终于接受自己对画画和艺术的爱好，这有可能成为她未来的职业方向了！她变得轻松了很多。我感觉到她仍有些紧张，就一字一顿地对她说：“宝贝，妈妈郑重地告诉你，你的任务就是去寻找自己最喜欢、最适合的事，用这些来服务这个世界！你不需要用考名校向我们证明任何东西，我们也决不让你为了谋生去学自己不

喜欢的专业，一辈子做自己不喜欢的事！你只管去尝试好了，不需要只活在生存的压力和恐惧里，人活着只是为了谋生，这定位太低，太可怜了！人来到这世界是要用自己最适合、最擅长的特质，为这个世界服务的！去做喜欢的事、擅长的事，你会带着热爱和激情，你会完全地投入，你会忽略对物质的依赖，你怎么会找不到工作呢，你怎么会养不活自己呢？我都不相信！要是你真的因为选择了自己的事业和爱好，无法谋生，你放心，爸爸、妈妈会养你！”听了我这段话，女儿在那边长舒了一口气，马上说：“谢谢妈妈！这我就没有担心了！”

放下电话，我内心有很多感慨。孩子在一个多元的文化平台中，开始放松，开始愿意接受真正的自己了，这真的太好了！他们一直在思考“如何改造和帮助这个世界”，这个大的志向，必须以她对自己的负责和真诚为前提，她只有找到自己的特质，才可能真的做自己，真的为这世界做点有用的事；她从生存的恐惧中解放出来了，才真的会全力以赴做她自己，她开始这个探索了，真的为她高兴！

我们带着爱和祝福，分享她独特的生命体验和探索。

当我又一次修改这本书稿时，很多章节仍然让我怦然心动。我在女儿成长的18年的时间线回顾中，对生命、命运，突然有了一份更清晰的认识和了悟！一路上所发生的每件事，遇到的每个人、每一个时空转换，都恰到好处，超越了好坏、对错、是非的评判，一切都是绝妙的巧合，所有都是本该如此的必然！

做父母，就是一个如此美妙的生命历程：呵护一颗生命的种子，给予她适宜的时间和空间，让她经历风吹雨打的磨砺，看她发芽、看她抽枝、看她向着阳光，一路向上舒展、绽放，除了欣赏，只有陪伴，还要捆绑，相信她的生命力，相信她要履行她自己独特而唯一的使命，允许她长成一棵独立的树！在陪伴和欣赏中，我也重塑了自己，丰富了自己，再一次体验了生命的美丽！

说不尽的感恩，为所发生的一切！

说不尽的感恩，对出现在我生命中的每一个人！

给予我们生命的爸爸妈妈，你们是我最好的爸爸妈妈！谢谢你们把生命传给我们，让我们有机会做爸爸、做妈妈！也谢谢你们把善良和勤劳传给我们的女儿！

给予我智慧的李中莹老师，谢谢您对我的爱护与指导，也帮我女儿种下了爱艺术的种子！

给予我所有信任的学员朋友，谢谢你们对我的推动和支持！

感恩爱我们、爱我女儿的所有亲友！

感恩女儿的所有老师，是你们的爱和肯定让她安全、自信！

感恩吴守云老师和她的先生，在百忙中帮我校读这本书稿，感恩苏志芳老师帮我最后定稿！

感恩北京磨铁图书有限公司的马百岗编辑，为我重新修改书稿提出了很多独到的意见和建议，让这本书可以服务于更多有需要的人。

这本书属于所有人！

感恩，鞠躬！

冉宪海　吴文君

2012/4/19

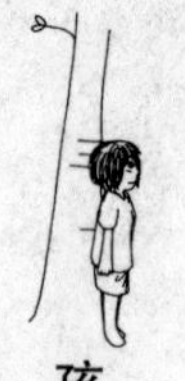